ブッダはダメ人間だった

最古仏典から読み解く禁断の真実

元国税調査官・歴史研究家
大村 大次郎

ビジネス社

まえがき

あなたは「仏教の本来の姿」というと、どういうことを思い浮かべられますか？

「奥深い山の中で厳しい荒行をして悟りを得る」

というようなことをイメージされる方も多いでしょう。

「荘厳な寺社の中で、僧侶たちが太い声で念仏を唱える姿」

を思い描かれる人もいるでしょう。

仏教というのは、そういう「厳粛な修行」という雰囲気がありますよね。

ただ、ちょっと気に留めていただきたいことがあります。

少しでも仏教の歴史を知っている人であれば、ご存知かと思いますが、仏教の開祖ブッダは、「厳しい苦行をやめる」ことで、悟りを開いたという有名なエピソードがあります。

古代のインドの小国の王子に生まれたブッダは、人生に疑問を抱き、出家して厳しい苦行を行ないます。

が、その最中に苦行のバカバカしさに気付き、苦行をやめてしまいます。その直後に、「悟り」を開いたのです。

なのに、なぜ今の仏教というのは、「厳しい修行」のイメージがあるのでしょう？

というか、イメージだけじゃなく、本当に厳しい修行をしている僧侶の方は、今でもたくさんおられますよね？

そして、「厳しい修行をしたお坊さんほど偉い」と誰もが何となく思っていますよね？

それって、実は非常に奇妙なことではないでしょうか？

ブッダは苦行を放棄し、それを否定することで悟りを開いたはずなのに、その弟子である仏教の僧侶たちが厳しい苦行をしているのです。

まったく正反対のことをしていますよね？

筆者はこのことについて、長年、疑問を抱いてきました。

そして、なぜ仏教が苦行をするようになったのかを、追究してきました。


筆者は、実は僧侶でもなければ、仏教史の学者でもありません。

歴史本を数十冊書いておりますが、ただの職業ライターです。

「偉い僧侶でも、学者でもないお前が、なぜ仏教のことを語るんだ」

と思う方もいるでしょう。

しかし実は私は、僧侶や学者に比べて、仏教の追究において圧倒的に有利な面も持っているのです。

それは、「仏教」に関して、**「無駄な畏敬の念」**を持っていないということです。つまりは余計な先入観がないのです。

理由を説明しましょう。

筆者は、元国税調査官です。

国税調査官というのは、簡単に言えば、脱税を摘発するのが仕事です。

国税調査官の仕事をしていく上で、寺社や僧侶というのは重要な「お得意様」でした。「お得意様」というのは、皮肉を込めてそう言っているわけです。

というのも、寺社や僧侶の脱税は、非常に多いのです。

寺社やお坊さんというのは、本当に税金に関して「汚い」のです。

寺社というのは、そもそも「宗教法人」ということで、税金の面では非常に優遇されています。寺社が宗教活動から得たお金（お布施《ふせ》など）には、原則として税金はかかりません。お坊さんが個人的に費消したお金にだけ、税金がかかるようになっているのです。また寺社はどれだけ広い土地を持っていても固定資産税はかかりません。

それほど優遇されているにもかかわらず、税金の誤魔化《ごまか》しが非常に多いのです。

由緒あるお寺が脱税をしていたなんていう話は、はいて捨てるほどあります。

寺社や僧侶の収入源である「お布施」は、密室で取引されますし、ほとんどの場合、領収書も発行しません。つまり、収入の詳細が、外部に漏れることはなく、脱税をしやすいのです。

それをいいことに、**寺社や僧侶は、非常によく脱税をします**。

寺社の脱税は、規模がそれほど大きくないので起訴をされるまでには至らず、事件として報道されることはあまりありません。

ですが、不正の割合で言うならば、風俗店やパチンコ店よりも高いかもしれません。

それは、田舎の小さな寺も、格式ある大きな寺も、ほぼ同じくらいの割合です。

つい最近も、京都の有名な偉いお坊さんが脱税をし、これは規模が大きかったためにかなり大きく報道されました。

どんなに厳しい修行をし、たくさんの勉強をしてきたお坊さんでも、欲望を滅することなどはできていないのです。

そういう実態を見てきた筆者としては、一般の人のような、寺社やお坊さんに対する畏敬の念などはとうに捨ててしまったのです。

彼らも所詮《しょせん》、煩悩《ぼんのう》にまみれた人間なのであり、厳しい修行をし、膨大《ぼうだい》な学問をしたところで、人間の本質は変わらないということを、実感として知っているわけです。

普通の人だったら、年末年始の寺社の荘厳な儀式などを見ると、厳粛な気持ちになるでしょうが、筆者はただの伝統芸能にしか見えません。

筆者のそういう「仏教に対する冷徹な目」は、普通の人にはなかなか持てないものと思われます。

学者さんでも、やはり日本で暮らしていれば、寺社に対する畏敬の念は、多かれ少なかれ持っているはずですからね。

仏教史を研究されている方の書物を読んでもやはり、根底に仏教や寺社に対する畏敬の念があります。そしてこの「畏敬の念」という先入観を持っている限り、仏教の本当の姿は見えてこないのではないか、と筆者は思うのです。


本書は「初期仏典」をひもといて、仏教の真実に迫るという目的を持っています。

ブッダというのは、現在はすっかり神格化されていますが、在世当時は、そんなに偉ぶった人ではなかったそうです。

そして、弟子や周りの人たちも、ブッダのことを聖人とか、神様のような扱いはせず、普通に接していたようなのです。

ブッダや弟子たちは、これといった修行などは行なわず、ただ精舎《しょうじゃ》とよばれる宿舎のような場所で、のんびり暮らしていました。彼らは托鉢《たくはつ》をして、日々の糧を得ていたわけですが、その托鉢も当番制であり、ブッダ自身も行なっていたそうです。そういうことが、初期の仏典には書き残されているのです。

またブッダというのは、難解で厳しいことなどは言わず、誰にでもわかる言葉で、誰にでもできることしか言わなかったようです。

そういう歴史的な事実を拾いつつ、学者さんや僧侶には見えてこない「先入観のないブッダの人物像」を描いていきたいというのが本書の趣旨です。

そして併せて、ブッダの教えの本質はなんだったのか、ということにも迫りたいと思っております。

「ブッダはダメ人間だった」

などというタイトルは、不謹慎だと思われる人もいるかもしれません。

が、本書を読み終えた暁には、きっと不謹慎などではまったくないことを理解していただき、またブッダの本当の魅力を知っていただけるものと筆者は思っています。

第1章 ブッダは苦行をやめて悟りを開いた

第2章 ブッダの教えは何度も改ざんされてきた！

第3章 ブッダの本当の教えとは？

第4章　苦行信仰と超能力信仰

第1章

ブッダは苦行をやめて悟りを開いた

ブッダは究極のお坊ちゃまだった

ブッダは、紀元前五～六世紀ごろに、古代インドのヒマラヤ山麓（現在のインド、ネパールの国境地帯）で生まれました。

その生家は、古代インドの一国である「釈迦族の国」の王家でした。ブッダはその家の長男であり、つまりは王子として生まれたのです。

このブッダの生まれた家というのは、実はハンパない金持ちだったようなのです。

ブッダの回想によると、彼のために夏用、冬用、雨季用の三つの宮殿が用意され、そこで女性の世話役たちに囲まれて生活していたそうです。ブッダは、雨季の四か月間は、宮殿から外に出たことがなかったそうです。

そして彼の衣服はすべて、カーシー（ヴァラナシ）産だったということです。カーシー産の布というのは、当時の最高級品だったそうです。

これを聞いただけでも、相当なお坊ちゃまだったことは、推測できます。

日本では金持ちの子弟のことを「箸《はし》より重いものを持ったことがない」という表現をすることがありますが、ブッダの場合、まさに**「リアル箸より重いものを持ったことがない人」**ということになるでしょう。

これほどブッダが贅沢《ぜいたく》な暮らしをしていたのは、生家の財力が相当なものだったからこそです。

ブッダの生まれた「釈迦族の国」は、インドの中でも裕福な国だったようです。

贅沢をしていたのはブッダだけではなく、その家の使用人たちも、米と肉の食事が与えられていたというのです。他の国では、使用人には酸っぱい粥《かゆ》が出されることが、ほとんどだったのに、です。

こういう贅沢な暮らしをしている一方で、ブッダは、人生や社会に対して、いろいろ不安や疑問を抱いていたようです。

よく知られているように、当時のインドでは、厳しい身分制度がありました。

いわゆるカースト制度です。

カースト制度では、まずバラモン（司祭）、クシャトリア（武士階級）、バイシャ（市民階級）、スードラ（奴隷）という四つの大きな区分があり、その中にも細かい区分がありました。

人々は、生まれたときに身分が決まっており、その身分からは一生抜け出せませんでした。

この身分制度は、バラモン教（後のヒンズー教）という宗教と密接なつながりがありました。バラモン教では、人は輪廻転生《りんねてんせい》を繰り返し、前世の行ないが今生の身分に反映するという考えがありました。

だから、奴隷《どれい》に生まれた人は、「前世で悪業を働いたから奴隷に生まれた」ということになっていたのです。

そういう世界観では、奴隷に生まれた人は、まったく救われませんよね。

しかし、厳しい修行をして解脱《げだつ》を得れば、そういう輪廻転生のループの中から抜け出せるとも考えられていました。そして、解脱をすれば、生や死や老や病気などすべての苦しみから解放される、というのです。

「解脱」などという言葉は、仏教用語と思っている人も多いようですが、実はバラモン教から来たものなのです。

そして、年若かったブッダも、その「解脱思想」を信じて出家するのです。

出家当時、ブッダは、もう結婚していて、子供も一人いました。

そういう境遇の人が、家出同然に出奔するというのは、当時も今もメチャクチャ非道徳なことです。ブッダの回顧でも、両親（母親は継母だった）は非常に悲しんだそうです。

つまりブッダは、非常に親不孝だったわけです。

ブッダはバックパッカーだった⁉

このように、ブッダは「究極のお坊ちゃま」の身分を捨てて、出家をしたわけです。「贅沢《ぜいたく》な境遇を捨てて、真理を求めて出家した」というと、何かすごく尊いことのようにも思われます。が、当時としてはそういう若者は、実は珍しくはなかったそうです。当時のインドでは、裕福な家の若者が出家することはよくあったそうなのです。これは、筆者が推測で言っているのではありません。仏教史の大家である元東京大学名誉教授の中村元《はじめ》という人が著書の中でそう述べておられるのです。

当時の古代インドでは、家を出て修行者になることは上層階級のあいだでは一般的な風習でありました。それは現代でも、学問や技術を修得するために家族と離れて遠く都に上ったり、外国へ留学する様子と通じるものがあります。

(「ブッダ伝〜生涯と思想〜」中村元著・角川ソフィア文庫)

という具合に、金のある上層階級の子弟の中には、人生に疑問を抱いて、自分探しの旅的に修行に出る人がけっこういたわけです。

そして、当時のインドの社会には、そういう出家者を受け入れる素地がありました。修行中の出家者に、お布施をしてくれる人が至るところにいたのです。だからこそ、出家ができるわけです。

でも、こういうことは、生活に余裕のある家の子しかできません。

自分が出て行ったら、家族が路頭に迷うような場合は、なかなかできませんからね。

ブッダと同時期に、ジャイナ教という宗教を開いたマハーヴィーラなども、一国の王子でした。

つまりは、当時の出家というのは、お坊ちゃま特有の**「自分探しの旅」**のようなものだったのです。

前掲の元東大名誉教授の中村氏は、「この当時の出家は留学に通じる」と語られています。が、さすがに留学といえるほど一般化していたものではないでしょう。

前述しましたように、ブッダの両親がブッダの出家を嘆き悲しんだことも記されていますので、まあ、家出というか、親の意にそむいて長い旅に出るというような感覚だったのでしょう。

今でいえば、親の反対を尻目にバックパック一つで世界中を貧乏旅行して回るバックパッカーというのが、妥当なところかもしれません。親不孝であるには、変わりないわけです。

しかも、ブッダの場合、さらに「情けない事実」があります。

父親である王様が心配して、ブッダの出家中の護衛のために、家臣を五人もつけているのです。

つまりは、**家臣を五人もつけた上でのバックパッカーだった**わけです。ブッダも、特にこれを拒否するわけでもなく、この家臣たちとともに、修行をするのです。

どれだけ、お坊ちゃまか、ということですね。

ブッダは、相当に恵まれた境遇だったことは間違いないようです。

根性がなかったから悟りを開いた

原始仏典によると、ブッダは、出家をしてからさまざまな苦行に励んだということです。

インドでは、ブッダが生まれる二〇〇〇年も前から、前述したバラモン教という宗教がありました。いつの世でも、人は不安を抱えて生きており、なにかにすがりたいものなのでしょう。

またブッダ在世当時は、バラモン教に疑問を持つ人が新しい思想を唱えたりして、宗教ブームのような現象が起きていたときでもありました。これは現代になんとなく似ているといえるでしょう。

この頃《ころ》、たくさんの思想があり、修行の方法もいろいろありましたが、どれにも共通していることがありました。

それは「厳しい修行の果てに悟りに行き着く」ということです。

断食やわざと苦痛を与えて心身をいじめ抜いた末に、「解脱」ができる、と思われていたのです。

ブッダも出家した後はいろんな宗派の門を叩き、厳しい修行に励んだとされています。

が、ブッダは、根性がなかったらしく、どこも長続きしませんでした。

もしかしたら、どこの宗派もブッダの悩みをぬぐい去ってくれるものではなかったのかもしれません。

そこでブッダは、自分ひとりで修行することにしたのです。

出家イコール自分探しの旅だった？
出家します！
オイ！
私らも一緒ですョ
わー…
でもさびしいので
5人の家臣つき…
もう
苦行
やめます
だって
苦しいから
…
お食べ下さい
フラフラ
スジャータ
いやはや…
どんだけ
お坊ちゃまなんだ
お前は！

当時の修行というのは、ひたすら苦行をするというものです。

ブッダも、厳しい苦行を何日も行なったそうです。食べ物もほとんどとらず、骨と皮だけになってしまっていたとも言われています。

そしてこのままでは、あと何日かで死んでしまうだろうというとき、ブッダは、苦行をやめてしまいました。

「苦行をしたって何の意味もない」

そう悟ったのだそうです。

ブッダは苦行をやめてすぐに、スジャータという親切な娘から乳粥をもらったということになっています。

空腹だったブッダにとって、この乳粥はよほど美味しかったのでしょう。

ブッダは何度もこのときの話を弟子たちにしてきたと思われます。このエピソードは、広く長く残されました。このスジャータという娘の名前は、後世の人がつくったという説もありますが、このエピソード自体は、さまざまな原始仏典にでてきますし、伝承でも残っていますので、間違いないことでしょう。

もしブッダが、そのまま苦行を続けて死んでいたら、仏教は生まれなかったわけです。

当時の苦行者の中には、本当に根性のある人は死んでしまう人もいました。もしブッダに、強靭《きょうじん》な頑《かた》なさがあれば、そうならなかったとも限りません。

でもブッダには、「苦行が何の意味もない」ことを悟る賢さと、「苦行をやめてもいいんだ」という柔軟さがあったのでしょう。

だからこそ万人が打たれる仏教を開けたのでしょう。

そしてブッダが苦行をやめたという事実、それを繰り返し弟子に言い聞かせていたという事実は、仏教の最大のメッセージだと思われます。

人は、苦しいことを逃れたいと思う反面、「苦しいことをしないと駄目」「苦しいことこそが尊いこと」という固定観念を持っています。だからこそ、昔から「苦行をすれば悟りを開ける」という発想があったのでしょう。

でもブッダは「苦しいことだけが尊い」などという不自然な発想をやめ、もっと理にかなった、だれもが納得できるものを追究しようと思ったのでしょう。

そしてこのエピソードにはもう一つのメッセージが隠されていると思われます。

「苦しいことから逃げてもいい」

ということです。

「苦しいことには立ち向かって克服しなければならない」

多くの人は、そう考えています。

人生には苦しいことがたくさんあります。だから苦しいことをどう対処するのかが、人生では大事なことでもあります。

「苦しいことに出会ったとき、それにぶつかっていって克服する」

それも一つの解決方法でしょう。

でも他にも解決方法はある。それをブッダは、自分の生き方から人々に伝えているように思います。

苦しいことから逃げることは、みっともないことでもあります。

現に、ブッダが苦行をやめたとき、そばにいたあの五人の修行僧たちはブッダを軽蔑し、ブッダの元を去ったといわれています。

もしブッダが周りの修行僧たちからの侮りに気を取られていたら、苦行はやめなかったかもしれません。

「こだわりを捨てる」

というのが仏教の大きなテーマです。

ブッダは、こだわりを捨てたからこそ、この苦行から解放されることができたのでしょう。

そして、他の人たちが背負っている「苦行」も解放させたい、それがブッダの願いだったのではないかと思われます。

ブッダは「偉い人」ではなかった

悟りを開いた後、ブッダは最初に何をしたかというと、一緒に修行していたあの五人のところに行くのです。そして、自分が悟ったことを話して聞かせます。

最初は、半信半疑だった五人も、ブッダの話に感動し、ブッダの弟子になったといわれています。ただし、弟子になったといっても、今のカルト教団の教祖と信者のような、絶対的な主従関係ではなかったようです。

というより、ブッダは、在世当時は、そこまで偉人扱いされてなかったようなのです。

現在の仏教の世界では、ブッダは非常に偉い人であり、「神様、仏さま」と言われるくらいですから、神様と同等の扱いです。

しかし、存命だったころのブッダは、そうではなかったのです。

初期の仏典である「ヴィナヤ」（律蔵《りつぞう》）では、最初にブッダが説法した五人としばらく共同生活をしている様子が描かれているのですが、その際、ブッダは他の五人とともに当番制で、托鉢《たくはつ》に出かけているのです。

が、「ヴィナヤ」（律蔵）よりも後の仏典である中阿含経《あごん》では、共同生活の中でブッダだけは托鉢には出かけずに、もっぱら五人に説法を行なっていた、ということになっているのです。つまり、ブッダは、托鉢は免除されているということです。

初期の仏典では、ブッダは五人とともに平等な共同生活を送っていたことになっていたのに、後の仏典では、ブッダは共同生活の中で一目置かれた存在だったことになっているのです。

また中期以降の仏典の中には、ブッダの言葉として次のようなものがあります。

「修行者よ。如来《にょらい》（私）に呼びかけるのに名をいい、また卿《おんみ》よという呼びかけをもって如来に話しかけてはならぬ」（阿毘達磨大毘婆沙論《あびだつまだいびばしゃろん》）

これは、どういうことかというと、ブッダが弟子たちに、自分のことを気やすく「卿よ」などと呼び掛けてはいけない、と言っているのです。

つまりは、ブッダは「自分は威厳のある偉い人物なのだ、その点を重々理解して接しろ」と言っているわけです。

要は江戸時代の武士のように、威張《いば》っているわけです。

が、前述した元東京大学名誉教授の中村元氏によると、この部分は後世の脚色だそうです。

というのも、仏典の古いもの（スッタニパータなど）では、弟子や周囲の人たちは、ブッダのことを「君」とか「ゴータマさん」という呼び方をしているのです。そして、ブッダのほうも、年若い弟子に対しても、「友よ」と語りかけています。

にもかかわらず、後世の仏教徒たちは、ブッダを神格化するために、ブッダを気やすく呼びかけさせなかったようなエピソードを挿入したのです。

まあ、こういうことは、偉人伝には、非常によくある話ですね。

ましてや二〇〇〇年以上前の人ですので、相当、神格化されてきていることは、間違いないと思われます。

それにしても、生前のブッダというのは、周囲の人から普通に「君」などと呼び掛けられていたとは驚きですね。

「物事をよく知っているお兄さん」

「人生の問題に的確に答えてくれるおじさん」

という感じだったのかもしれません。

祇園精舎は、自分探しの若者のたまり場だった？

ブッダは、その後、五人とともに、布教行脚に出かけたとされています。

ブッダは、旅が好きだったらしく、一か所に長くとどまることはあまりなく、生涯に渡って移動生活をしていました。

ブッダは、行く先々で自分が悟ったことを人々に話して聞かせ、ブッダに弟子入りする人も急速に増えていきました。

そのうち、ブッダとその弟子たちのための宿舎もつくられました。その宿舎は、祇園精舎《ぎおんしょうじゃ》といいました。けっこう有名なので、ご存知の方も多いでしょう。

この祇園精舎というのは、ブッダの弟子で大富豪だったスダッタという人が献上したものです。

この祇園精舎は、当時のインドの大国だったコーサラ国の首都にありました。現在のシュラヴァスティー県です。

祇園精舎というと、仏教の厳しい修行の場だったというイメージがあります。

しかし、実際はそうではなかったようです。

というのも、祇園精舎は「自分探し系」の若者たちのたまり場だったようなのです。

前述したように、古代インドでは、若い人が、求道のために出家するということは、珍しいことではありませんでした。社会や人生に疑問を抱く「自分探し系」の若者というのは、いつの時代にも存在するものなのでしょう。

が、彼らの出家生活というのは、非常に厳しいものでした。

当時のインドの出家生活は、基本、「一人で野宿する」というものでした。バラモン教の修行者が皆そうしていたので、それが出家生活の「スタンダード」になっていたのです。

ご存じのようにインドというのは、気候の厳しい土地柄です。夏の暑さは尋常ではなく、しかも乾燥しているため、草木にとってさえ厳しい環境なのです。

もちろん、そういう中で野宿するわけですから、死に至る人もたくさんあったはずです。

そんな危険で厳しい苦行をする、ということが、当時の出家には重要な意味を持っていたわけです。

「苦しいことに耐えることで、何かが得られるのではないか」

ということです。

だから、逆に言えば、当時の風潮から言えば、出家生活は苦しくなくては意味がないわけです（今でもそういう風潮がありますが）。

が、ブッダは祇園精舎をつくって、ブッダの教えに共鳴する若者たちを収容しました。

野宿が基本だった当時の出家生活からすれば、非常に贅沢なことです。

つまり、祇園精舎というのは、**「自分探し系」**の若者に、安全な場所を提供したということなのです。

現代で言うならば、バックパッカーを泊めてくれる安宿というところでしょうか？

祇園精舎に関しては、「雨季に虫を踏みつけて殺生をしないように、建物での生活をした」という解釈もあるようですが、これは後世の後付け解釈だと思われます。

というのも、ブッダは生き物の殺生について、それほど極端な禁止主義をとっていたわけではないからです（詳細は後述）。

またブッダは、苦行を否定して悟りを開いたわけですから、当然、厳しい修行などもありません。だから、ここに集まってきた若者たちは、毎日、ブッダや仲間と話をしたり、托鉢を時々するというような生活をしていたわけです。

当時のインドでは、人々は厳しい身分制度の中で窮屈な生活を送っていましたから、祇園精舎の生活は若者たちにとっては、かなり自由で楽しいものだったのではないでしょうか。

出家というと、何か非常に厳しく禁欲的な生活を思い浮かべる人が多いでしょうが、本来の仏教の出家とは、かなり自由だったと思われます。

後世の仏教徒たちは、どうにかしてブッダを厳しい人という位置づけにしたかったようです。その理由も、後で詳しく述べますね。

ブッダは、生きている間に、祇園精舎もふくめて五つもの精舎を建てました。中でも竹林精舎といわれる精舎は、六〇もの建物から成っていたそうです。もちろん、全部、財力のある弟子たちからの寄贈です。これらの精舎は当時の**「バックパッカー」**にとっては、またとない安住の地となったことでしょう。

ゆるゆるだった初期仏教団の規則

ブッダがいたころの初期仏教団というのは、いくつかの精舎を渡り歩きながら共同生活をしていました。

仏教の共同生活というと、さぞや非常に厳しい規則があると思いきや、ブッダの時代は非常にゆるゆるだったようです。

たとえば初期仏典である「律蔵」の中に、こういう話が残っています。

ブッダが、ある日、朝起きたときのことです。

誰かが、精舎の外で野宿をしています。ブッダが「そこにいるのは誰だ」と聞くと、「サーリプッタです」という返事がありました。サーリプッタというのは、かなり早い段階でブッダの弟子になった者であり、仏教団の中では最古参の一人でした。

なぜ野宿していたのか事情を聞いてみると、昨夜、ここの精舎についたとき、みんなが先を争って部屋を取ってしまい、サーリプッタの泊まる場所がなかった、そのため、やむなく野宿したということでした。

それを聞いたブッダは、みんなを集めました。

そして、「我々の集まりは、和合、平等を旨とする。しかし、長幼の区別だけはつけ、年長のものを敬うこと」を命じました。

それにしても、我先に部屋をとって先輩を野宿させるとは、なんとユルい団体なのでしょうね。後輩に先に部屋を取られて、野宿してしまうサーリプッタも、相当にのんき者ですが。

なんか、こっちのほうが**「おいおい、それで大丈夫か」**と心配したくなるほどです。現代日本の学生の部活などと比べても、考えられないようなユルさですね。

ゆるゆるだった初期仏教団

こういうエピソードから見ても、ブッダの在世当時の初期仏教団が、決して厳しい修行の場などではなかったことが窺《うかが》えます。

くれるものはなんでももらう～肉食もOK～

仏教というと、肉食（肉、魚など）禁止というイメージがあります。

最近はユルくなってきた宗派も多いようですが、それでも基本的に肉食は禁じているようです。お寺が振る舞う精進料理というのは、昔から肉や魚が使われていないのが定番ですからね。

が、実は、この肉食禁止というのは、ブッダ以降の仏教徒たちが勝手に決めた規則であり、ブッダは、肉食を禁じたりしていなかったのです。

ブッダやその弟子たちは、托鉢によって、日々の糧を得ていました。托鉢というのは、人々のところを回って、食べ物などを供えてもらうことです。

このお供えものについて、ブッダは禁忌をつくっていませんでした。

ありていに言えば、「くれるものはなんでももらう」ということです。だから、肉や魚を供えてくれたならば、それもありがたくいただいていたわけです。

当時のインドに「肉食を禁じる」という文化がなかったわけではありません。

バラモン教の中でも、肉食を禁じる宗派は多々ありましたし、ブッダとほぼ同時代にインドで起こったジャイナ教などは、厳格に肉食を禁じています。

そんな中で、ブッダはあえて、肉食を禁じたりしなかったのです。というより、ブッダは禁忌的なことはほとんど言ってないものと思われます。初期の仏典には、そういう類の記載はないのです。

それどころか、原始仏典の中では、「肉食の禁止」を批判さえしています。

たとえば、現存する最古の仏典とされるスッタニパータには、次のような文言があります。

「この世でほしいままに生き物を殺し、他人のものを奪ってかえってかれらを害しようと努め、たちが悪く、残酷で、無礼な人々、これがなまぐさである。肉食することがなまぐさではない」（第二「小なる章」二四七）

「魚肉や獣肉を食べないこと、断食、裸体生活（何も所有しない生活）、剃髪、結髪、チリ垢にまみれた生活、火神へのお供え、苦行、呪文、季節の荒行、祭祀をしても、妄執は

晴らされないし、妄執が晴らされないならその人は清らかではない」（第二「小なる章」二四九）

これを見ると、断食しても、剃髪《ていはつ》しても、苦行をしても、祭祀《さいし》をしても、別に意味はない、とブッダは言っているわけです。

剃髪をし、肉食を禁じて厳しい修行に明け暮れている後世の僧侶たちって、一体なんなのでしょうね？

このように、ブッダの教えというのは、最初は非常にユルかったのに後世になればなるほど「厳格化」していくのです。

売春婦も弟子にしていた

ブッダは、売春婦も弟子にしました。

ブッダの弟子になった売春婦は、わかっているだけでもけっこういます。

有名なのはアンバパーリーという売春婦です。このアンバパーリーは、低い身分の出身でしたが、売春婦として大金持ちになっていました。

ブッダは、このアンバパーリーから自宅に招かれて説法を行いました。アンバパーリーは、ブッダの説法に感動し、弟子になったそうです。

そしてブッダはこのアンバパーリーからも、精舎を寄付してもらっています。

何度か触れましたように、当時のインドは、強固な身分制度がありました。そして、売春婦というのは、その身分制度の中でも、もっとも忌《い》み嫌われる職業でした。古来から現代まで、売春婦というものは、そういうものですよね。

そして、当然のことながら、当時のインドの僧侶だった「バラモン」たちは、売春婦を近づけたりはしませんでした。彼女たちは「汚れた存在」とされていたからです。

しかし、ブッダは、売春婦たちにも求められれば、平気で説法をしました。

初期仏典の「テリーガーター」などによると、このアンバパーリーのほかにもブッダの弟子の中に、売春婦はたくさんいたようです。

まあ、ここまでは、「ブッダは、誰にでも分け隔てなく接する優しい人だったんだなあ」という話です。

が、この話には、もう少し深い意味があります。

というのは、アンバパーリーは、ブッダの弟子になった後も、売春婦をやめていないようなのです。初期仏典の「テリーガーター」ではブッダの死後に「自分の美貌の儚《はかな》さを知って、売春婦をやめた」という記述はありますが、それはあくまでブッダの死後の話です。ということは、ブッダの在世当時は、弟子になった後も売春婦を続けていたということです。しかも、ブッダは彼女が売春で得た財産を寄進してもらっているわけです。

これは、ブッダが売春という職業に対して、何の咎《とが》めも感じていなかったし、それを口に出したこともなかったということなのではないでしょうか？

ブッダは、本当に**「差別を一切持たなかった人」**なのです。

職業に貴賤《きせん》はないと言いますが、それを実践していたのです。そして、売春婦たちもまたそういうブッダの姿勢に心打たれたのではないでしょうか？

当時の売春婦というのは、「お前らは前世でひどいことをしたから今のような職業をしているのだ」「お前らは死んだ後、地獄に落ちる」というようなことを散々言われてきたわけです。

ブッダは、そういう彼女らに対して、仕事に対する差別的なことは一切言わず、淡々とこの世の法（仕組み）を説いたのでしょう。

仏教の本質というのは、こういう部分にあるのではないでしょうか？

「苦行したけりゃしてもいいよ」…融通が利きすぎたブッダの教え

何度も触れましたように、ブッダは、苦行をやめることで悟りを開いたわけです。初期仏典でも、「苦行には意味はない」ということを、繰り返し明確に述べています。

が、ブッダは、かといって、苦行を「禁止」したわけではないのです。

なんだかよくわかりにくい話ですよね？

順を追って説明しますね。

当時、出家して修行する人というのは、かなりいたのですが、そういう人たちのオーソドックスな「解脱法」は、苦行をすることでした。「苦行してナンボ」という世界だったわけです。

弟子の中にも、ブッダと出会う前は苦行を続けてきた人もたくさんいたのです。

彼らは、ブッダの話を聞いて苦行に意味がないということを悟り、彼の弟子になったわけですが、長年、苦行を続けてきた人の中には、「急に苦行はやめられない」という人もいたのです。

「苦行」が自分の生活の一部になり、それをしていないと落ち着かないというわけです。

ブッダは、そういう人に対してどう対処したのでしょうか？

実は、自由にさせておいたのです。

ブッダの教えというのは、本当にゆるゆるだったわけですね。というより、その教えは、自分で考えて行動するというのが基本でしたので、よほどのことがない限り「禁止項目」は設けていなかったようなのです。

初期仏典の一つである「雑阿含経《ぞうあごんきょう》」に載っているエピソードを紹介しましょう。


カッサパという、ブッダの昔からの弟子がいました。

彼は年を取って老人になってからも、粗末な着物を着て、山林の中で暮らしていました。ブッダは、かねてから彼のことが心配だったのでしょう。

ブッダは、あるときこう言いました。

「カッサパよ。君も年をとった。そのような粗末な糞掃衣《ふんぞうえ》を着ないでもいいじゃないか。重苦しいだろう。カッサパよ、私のそばにいて、君はもう在家の人からもらった普通の衣服を着て、供養された食べ物をいただいて暮らせばいいじゃないか」

しかし、カッサパはブッダの言うことを聞きません。

「私は、長年、今の暮らしをしてきたので、今の暮らしのほうが楽しいのです。そして、後輩たちのためにも、質素な厳しい暮らしを続けたほうがいいと思うのです」

カッサパはそう答えました。

ブッダは、もうそれ以上、カッサパに楽な暮らしを勧めることはなかったようです。

しかし、このブッダの融通の利きすぎる方針は、**結果的に誤算だった**と思われます。

というのも、ブッダの死後、弟子たちが集まってブッダの教えが散逸しないように、すり合わせを行ないました。その座長となったのが、このカッサパだったのです。当然のことながら、このときにすり合わされたブッダの教えには、カッサパの意向が強く反映されることになったはずです。

ブッダの死後、仏教団は急速に、ブッダが否定したはずの「苦行」の方向に傾いていきます（詳細は後述）。ブッダがカッサパに対してユルい対応をしてしまい、「苦行」を許してしまったのも、その要因の一つかもしれません。

ブッダも「嘆き悲しむ」ことがあった

ブッダというのは、その当時としては稀《まれ》なほどの長寿でした。

だから、弟子たちの中には、ブッダよりも早く死んでしまうものたちもけっこういました。

サーリプッタとモッガラーナという、古くからの弟子も、ブッダよりも先に亡くなってしまいました。

この二人が死んだあと、ブッダはこう言って悲しんだそうです。

「あの二人がいなくなって、集会（説法会のようなもの）は空虚なものになってしまった。あの二人がいない集会は、寂しくてたまらない」

これは、初期仏典の相応部《そうおうぶ》経典や、雑阿含経に記されていることです。

非常に人間的な、ブッダの図ですね。

このとき、ブッダは、もうかなり高齢であったはずです。

にもかかわらず、これほど感情的な言葉を残しているということは、ブッダは実はとても感情豊かな人だったのかもしれません。

ブッダには、喜怒哀楽などない超人的なイメージがありますが、決してそうではなく、普通の人間だったということです。

そして、この後、しばらくしてブッダも亡くなることになります。

「法と自分を頼りに生きていけ」

ブッダは、仏典によると80歳で亡くなったことになっています。ある弟子のところで食事をしたところ、腹痛を起こし、それが元で亡くなったとされています。

ところで、カルト教団に入っている人、もしくはカルト教団に興味がある人には、ぜひ知っておいていただきたいブッダの教えがあります。

ブッダは、死ぬ間際にこういうことを言ったとされているのです。

「自分と法を島とし、自分と法をよりどころとし、他人をよりどころにしてはならない」

このことは、漢語では「自帰依《じきえ》、法帰依《ほうきえ》」と表現され、仏教でもっとも有名な文言の一つです。「相応部経典」など初期の仏典の多数に書かれています。

そして、このことは、後の仏教徒の誰かが書き足したものとも思えません。なぜなら、後の仏教団にとって、これは決して都合のいい話ではないからです。仏教団というのは、そもそもが「法と自分だけをよりどころにせよ」というブッダの教えにそむき、指導者をつくり、ピラミッド型の組織を形成してきた団体だからです。

後世の仏教団としては、この「自帰依、法帰依」という文言は目障《めざわ》りだったはずです。が、初期の仏典からずっと書かれてきたことなので、はずすわけにはいかず、ずっと残されてきたのでしょう。


この教えを見ると、教祖への盲目的服従を強いるカルト教団などは、ブッダの教えと逆の方向にあるということがわかるはずです。

なぜブッダが「他人をよりどころにするな」と言ったかというと、「やはり自分の人生は自分で解決するしかない」ということなのではないでしょうか?


どんな人の人生でも、困難なことはたくさんあります。自分が直面している問題は、どうやれば解決できるか?

人間関係一つとっても、うまくやっていくのは大変です。

どうすれば、人と仲良くできるか、不用意に人を傷つけたりしていないか、そういうのは、その場、その場で、自分が判断しなければなりません。

それは、とても面倒くさいことです。

もし苦行をしたり、誰かの命令を聞きさえすれば、それが全部クリアできるのであれば、そういう宗教に入りたいという気持ちもわからないではありません。

が、本当は、教団に入ったり、苦行したところで、人生の煩雑さがすべてクリアされるわけではないのです。教祖様の言うことをすべて聞いていれば、あらゆる問題から解放されるものでもないのです。

今、カルト宗教などにはまる人というのは、「これをやればあなたの人生はＯＫですよ」というような、合格証というか、認定証のようなものが欲しいものと思われます。

神様から**「あなたの人生は正解です」**というお墨付きが欲しいわけです。

カルト宗教に限らず、宗教を求める人の心理というのは、だいたいそういうものですよね？

でも、ブッダは、「神様の合格証とか認定証はない」ということを言いたかったのではないのでしょうか？

自分も、最初はそれが欲しくて出家をし、苦行をした。でも苦行をしているうちに、それがバカバカしくなった。世の中というのは、無常であり、移ろい変わっていくもの。そういう中で、「これさえやっていれば大丈夫」というような、フリーパスなどあるわけはない。人生の一瞬、一瞬を自分で判断し、世の中を渡っていきなさい。

「自らを島とせよ」というのは、そういう意味なのではないでしょうか？

ブッダが死ぬ間際にこう言われたということを、今、人生に悩み苦しんでいる方には、ぜひ肝に銘じておいていただきたいと思います。

ブッダの死後、五〇〇年くらいまで仏像などはなかった

仏教というと「仏像」がなくてはならないようなアイテムになっています。

お寺に仏像がないと、全然、お寺らしくないですよね？

が、しかし、しかし、です。

実は、初期の仏教団というのは、仏像などつくっていなかったのです。

というより、ブッダの死後、五〇〇年くらいまでは、仏像はつくられていなかったのです。

「偶像崇拝を禁止している」という宗教では、像をつくってはならないということになっています。イスラム教でも決してマホメットの像などはつくってならないとされています。

しかし、原始仏典では、ブッダは特に「偶像崇拝をしてはならない」というようなことを述べていません。

「宗教儀式をするな」という類の言葉は残っていますが、「仏像をつくるな」などと述べた形跡はありません。

なのに、なぜ仏像は五〇〇年もの間、つくられていなかったのでしょうか？

おそらくブッダは、自分が像として彫られ、人が拝んだりする対象になるとは思いも及ばなかったと思われます。

ブッダの教えというのは、あくまで彼の言葉を理解し、それを生き方に反映させるというものだったのです。そして、神様にお願いしたりするのではなく、自分で自分の問題を解決するという主旨を持っていました。

「仏像を拝んで願をかける」

というようなものでは、まったくなかったのです。それどころか、ブッダは、そういう宗教儀式には近づくな、とさえ初期仏典で言っています。

だから、弟子の人たちも、仏像などはつくっていなかったわけです。

しかし、長い人類の歴史の中で悲惨な出来事も多々起き、「ブッダを拝んで救われよう」という考えの人も出てきたようです。そうして、仏像はつくられるようになったのです。

日本に仏教が入ってきたときには、すでに仏像はつくられていました。

だから、日本では仏教に仏像は欠かせない存在となってしまったようです。

第2章

ブッダの教えは
何度も改ざんされてきた！

ブッダの教えは何度も改ざんされてきた！

前章では、ブッダの生涯を簡単になぞってみましたが、これを見たとき、疑問を持った方も多いと思います。

「今の仏教がやっていることはブッダの言ったことと真逆《まぎゃく》じゃないか？」

ということです。

まえがきでも触れましたように、ブッダは「苦行をやめて悟りを開いた」にもかかわらず、後世の仏教徒たちは一生懸命「苦行」をしています。

しかも真面目な仏教徒ほどその傾向があります。

一体なぜなのでしょう？

これからは、その疑問について、史実をもとに追究していきたいと思います。

まず最初に知っておいていただきたいのは、お経のことです。

「お経」

というと、皆さんは、どういうイメージを持っていますか？

日本では葬式のときに、お坊さんがお経を読むので、葬式のためのものと思っている人も多いでしょう。

ですが、ちょっと仏教について学んだことがある人であれば、「本来、お経というのは、死者が成仏するために読むものではなく、人の生き方を説いたもの」であることをご存知のはずです。

だから、**「葬式でお経をあげるのは、非常にバカバカしいものだ」**と、時々、歴史家などから非難されることがあります。

むしろ、ブッダは、仏教徒たちが、死者のとむらいなどの宗教行事をすることを禁じていました。

こうして見てみると今の仏教というのは、ブッダの教えとは、まるで正反対ですね。「ちょっとズレている」というようなものではなく、本当に「真反対」ですね。

ブッダが白といっているのに、仏教徒は黒と言っているようなものです。

このことは、仏教徒たちも、気付いていないはずはないんですがね…。

日本で葬式にお経が読まれるようになったのは、日本の仏教史のいろんな経緯があって、そうなったわけです。

まあ、これは、他の書物などでも批判されていますし、葬式自体が伝統行事的な意味合いが大きいですので、本書ではそれほど追究はしません。

というより、お経には、ほかにも追究しなければならない疑問点が満載なのです。

お経はブッダの言葉を正確に伝えていない

お経の疑問点のまず第一は、そもそもの「真偽」です。

つまり、「お経が正しいかどうか」ということです。

お経というのは、いわゆる「仏典」とも呼ばれるもので、ブッダの言葉を記した文書のことです。

「ブッダはこう言いました」

「ブッダはああ言いました」

ということが、いろいろ書かれているわけです。

ただこのお経には、非常に厄介な点があります。

それは、ブッダ自身が書いたお経は、一つもないということです。

ブッダの時代、すでに文字は使用されていましたが、彼自身が、自分で文書を記すというようなことは、していませんでした。

また、その死後も、長らくブッダの言葉を文章に記すことはされていませんでした。

だから、お経というものは、ブッダの直接の弟子たちが彼の言葉をそのまま書き写したわけでもないのです。

ブッダの教えというのは、しばらくは文書にされずに、「口伝え」によって後世に伝えられていました。ブッダの弟子たちが、ブッダの言ったことを自分の口で人々に伝えたわけです。

が、ブッダの死後かなり時間が経つと、その「口伝え」の内容に、かなりバラつきが出るようになっていきました。だから、弟子たちが、「これはまずい」ということで、みんなで話し合って、書物に書き残そう、ということになりました。

そこで、弟子たちが集まってブッダの話を寄せ集めたのが、お経なわけです。

つまりは、お経というのは、ブッダの弟子の弟子の弟子のような人たちが、「ブッダはああいうふうに言った」「こういうふうに言った」という感じで、記憶をたぐりよせながら、つくられたものなのです。

しかも、この弟子たちによる「編纂《へんさん》作業」は、ブッダの死後からかなり経ってから行なわれたものなのです。現存している仏典というのは、もっとも古い編纂のものでも、ブッダの死後、少なくとも二〜三〇〇年は経っていると推測されています。

ブッダの死後、二～三〇〇年も経って書かれたということは、当然のことながら、ブッダの教えが正確に残されているわけありません。

考えてもみてください。

二～三〇〇年も前の人が話したことを、人々の記憶だけを頼りに、編纂していくわけです。もちろん出版物などの記録媒体がほとんどない時代です。

それがどれだけ心もとないものであるか。

まず口伝の段階でも、かなり不純物があるはずです。

口述の伝承者が自分の解釈を取り入れた部分もあるでしょうし、伝承者の勘違いもあるでしょう。

そしてその口伝を文書化する際には、編纂者にも同様の曲解が生じているはずです。

しかも、その仏典も、正確な成立時期はよくわかっていません。

だから、ブッダの本当の教えを知りたければ、膨大な仏典の中から、当時の状況などを慎重に吟味し、正しいものを採掘しなければならないのです。

仏典だからといって、そのまま全部、鵜呑《うの》みできるものではないのです。

お経は古くなるほどゆるくなる

そして、仏典には、さらに厄介な点があります。

仏典の内容が何人もの口を経て伝えられただけではなく、仏典を編纂した人（機関）も、一人ではないということです。仏典を編纂した人は普通に数えても何百人かいます。数え方によっては何千人もいると思われます。

これまで幾人もの人や、いくつもの仏教団が、勝手に仏典を編纂してきました。その編纂時期も、相当にばらつきがあります。

だから、仏典はいくつもの種類があるのです。

そしてちょっとでも仏典をかじったことがある人ならわかると思いますが、仏典によって書いてあることは全然違います。また同じ仏典の中でも、全然違うことが書いてあったりします。

だから、「どれを信じればいいのかわからない」という状態になっているのです。

お経（仏典）の流れには、大きな特徴があります。

それは**「古くなるほどゆるくなる」**ということです。

お経というのは、人に対して「あれをしなさい」「これをしてはならない」というようなことがいろいろ書かれているわけですが、古い時代に編纂されたものほど規則や戒律がゆるくなっていくのです。

比較的新しい時期に書かれている仏典では、「女性は不浄なものだから近づいてはならない」「欲望を滅しなければならない」「戒律を守らなければ地獄に落ちる」などと、非常に厳しいことが書いてあったりします。

しかし、仏典が古くなるほど戒律はゆるくなっていき、もっとも古いとされている仏典の「スッタニパータ」の中には、「規則や戒律の存在自体を否定している文言」さえあるのです。

たとえばスッタニパータ第四「八つの詩句の章」九〇〇には、次のような文言がありま す。

「一切の戒律や誓いをも捨て、罪があるとか罪がないとか断じる宗教的行為も捨て、『清浄である』とか『不浄である』とかいって願い求めることもなく、それらにとらわれず生きていけ」(『ブッダのことば～スッタニパータ』中村元訳・岩波文庫より)

これはつまり、「戒律や誓いは、一切捨てなさい。罪があるとかないとか、清浄だとか不浄だとか考えるのもやめなさい」という意味ですね。

なんか、これを読むと、戒律や規則どころか、宗教そのものを否定するような内容ですよね。

戒律や清浄とか不浄とかの概念というのは、宗教の根本のようなものです。宗教というのは、「世の中には清浄なものと不浄なものがある」「教えを守って清浄になりなさい」というのが、基本システムです。だいたい、どの宗教もそういう構図を持っています。現在の仏教ももちろんそうです。

しかし、初期仏典では、ブッダは、そのシステムを捨てなさい、と言っているのです。ということは、「宗教の存在は不要だ」と言っているのとほぼ同じ感じですね。

これを見ると、ブッダの教えというのは、戒律がゆるいどころか、戒律などは一切なかったのではないかとさえ思われるほどです。

この「お経は古くなるほどゆるくなる」という事実を見たとき、つぎのようなことが推測されるはずです。

「本来ブッダの教えは、戒律や厳しい修行などはほとんどなかった」
「しかし、後年の仏教徒たちが、戒律や厳しい修行を仏教の中に採り入れた」

ということです。

お経はつじつまが合わない

そして、お経にはまだまだ厄介な点があるのです。

というのも、お経には、明らかに矛盾している「つじつまの合わない記述」が多々あるのです。わかりやすく言えば、「同じお経の中でも、正反対のことが書かれているケース」が多々あるのです。

たとえば、先ほどご紹介したスッタニパータの中には、次のような文言もあります。

「寒さと暑さと、飢えと渇きと、風と太陽の熱と、虻と蛇と、これらのすべてのものに打ち勝って、犀の角のようにただ独り歩め」（第一「蛇の章」五二）

「起てよ、坐れ。眠って汝らのなんの益があろう。矢に射られて苦しみ悩んでいる者どもは、どうして眠られようか」（第二「小なる章」三三一）

これなどを見ると、ブッダの教えというのは、眠ることさえ許さない厳しい戒律を持つもののようにも思えます。

「戒律などは捨ててしまえ」

という先ほどの教えとは、まるで正反対ですね。

このスッタニパータという仏典は全部で第五章まであります。そして第四章と第五章がもっとも古いものとされています。

厳しい戒律的な内容は、第一章、第二章あたりに集中しており、第四章、第五章などはかなりゆるい内容になっているので、「古いものほどゆるくなる」という傾向は、ここでも確かに見られます。だから、もともと戒律などはなかったものを、後年の仏教徒たちが勝手に付け加えたという推測は可能です。

が、それにしても、同じ仏典で、どう見ても正反対としか思えないような内容が頻繁に出てくるのは、不思議というか難解ですよね。

たとえば、ここで取りあげた最古の仏典「スッタニパータ」には、次のような文言も出てきます。

「この世でほしいままに生き物を殺し、他人のものを奪ってかえってかれらを害しようと

努め、たちが悪く、残酷で、無礼な人々、これがなまぐさである。肉食することがなまぐさではない」（第二「小なる章」二四七）

これをざっくり言うと、生き物を好き勝手に殺すような残忍なことをするのはダメだけど、別に肉食がダメというわけではないよ、ということです。

その一方で、同じスッタニパータには次のような文言もあります。

「およそ苦しみが起きるのは、すべて食料を縁として起こる。もろもろの食料が消滅するならばもはや苦しみの生ずることもない」（第三「大いなる章」七四七）

これを読むと、「人の苦しみの原因はすべて食料に起因するのだから、食料を消滅させなさい」と言ってるわけです。ほぼ「食うな」と言っているのと同じですよね。人にとっては、めちゃくちゃにハードルが高い戒律ですよね？ というより、ほぼ実行不可能です。

さきほどの「別に肉食は悪いわけではないよ」というすごく人に優しい現実的な話とは、まったく反対ともいえるような内容ですよね？

「さっきの優しいブッダはどこに行ったの？」

という感じですよね。

本書を読んでくださっている読者の中には、ブッダが本当に語っていたのはなんなのか知りたくて、原始仏典の訳本などを読んだ方もおられるでしょう。

そして、おそらく、仏典のあまりの支離滅裂《しりめつれつ》さに辟易《へきえき》し、途中で挫折《ざせつ》するか、よく意味のわからないまま読み終えたという方がほとんどでしょう。

なぜ、お経の内容には、これほど大きなバラつきがあるのか？

それは、お経の成立過程に鍵があると思われるのです。

バラモン教の影響

なぜ仏典がこれほど難解で、つじつまが合わないのかというと、その最大の原因は、仏典にはブッダの言葉だけじゃなく、他の宗教などの教えが混じってしまっている、ということだと思われます。

前述したように、仏典というのは、もっとも早く編纂されたものでも、ブッダの死後二〜三〇〇年くらいは経ってからつくられたものなのです。

その間は、口述によって伝えられてきたのです。

当然、伝達者の誤解などが入ってしまいます。

そして当時のインドの社会には、バラモン教をはじめ様々な宗教が乱立していました。伝達者の中には、そういう宗教の教えと、ブッダの教えを混同してしまう人もいたはずです。


中でも、バラモン教は、当時からインド社会に深く根ざしていましたので、これが仏典の中に相当部分入り込んでいるようなのです。

実際、私たちが仏教用語と思っているものが、実はバラモン教から来ているというものは、多々あります。

たとえば、弁天や大黒天などは、バラモン教の神様なのです。

また「輪廻転生」や「解脱」「業（カルマ）」という言葉も、仏教用語と思っている人も多いでしょうが、これもバラモン教の用語なのです。

バラモン教では、人は何度も生まれ変わるという思想を持っています。そして、前世の業（カルマ）により今世の身分などが決まるとされています。つまり、身分の高い家に生まれた人は、前世で善い行ないをしたから、身分の低い家に生まれた人は前世で悪い行ないをしたから、ということです。

仏教でもこういうことを言う宗派がありますよね？

また仏教を名乗っているカルト教団なども、こういうことをよく言いますよね？

しかし、これはブッダの教えとは真逆の考え方だと思われます。

当時からインドの人々は、このバラモン教の思想を深く信じていました。

そのため、ブッダが否定したはずのバラモン教の思想が、仏典の中に、ブッダの言葉として入り込んでしまっていたのではないかということです。

だから、仏典には、正反対の内容がたびたび出てくるものと思われます。

バラモン教の「苦行信仰」

そして、バラモン教には、もう一つ大きな特徴があります。

それは「苦行」です。

「長時間、呼吸をしない」

「長期間、食べ物を採らない」

「片足のままで生活する」

などなど、ありとあらゆる苦行をするのです。

そういう苦行をすれば、「解脱」できるとバラモン教では考えられてきたのです。

「解脱」とは、人間や生き物の「輪廻転生」のループから抜け出し、神様の領域に行けるということです。

先ほども言いましたように、バラモン教では、人の人生というのは、前世の行ないが今生に反映するということになっています。

人生自体が修行のようなものだというわけです。

でも、「解脱」をすれば、その修行のループから抜け出すことができるというのです。

なんだか、安物のロールプレイングゲームのような世界観ですよね。

ですが、バラモン教の一部では、今でもその世界観がしっかりと生きています。現代でも、厳しい荒行に明け暮れるヒンズー教徒はたくさんいるのです。

この世界観は、あのオウム真理教とそっくりですよね？

彼らが、変な格好で苦行する様子は、たびたびテレビでも報じられました。また彼らは、解脱とか、業（カルマ）という言葉も頻繁に使用していました。

オウム真理教はバラモン教だった？

ところで若い方のために、オウム真理教のことを簡単に説明しておきますね。

オウム真理教というのは、麻原彰晃（本名松本智津夫）が、一九八〇年代に開いたヨガ教室が発端となった宗教団体です。

オウム真理教の教義というのは、「厳しい修行をすれば、解脱していろんな超能力が身に付き、人生の問題はすべて解決しますよ」というような、人々の宗教における幻想をそのまま映し出したような、チャチなものでした。

オウム真理教は「麻原彰晃は、ヒマラヤで仏教の修行をして解脱し、空中浮遊などあらゆる超能力を身に付けた」と喧伝して勧誘活動を行ないました。麻原彰晃は、テレビなどのメディアにもたびたび登場し、彼を持ち上げるような捉え方をするメディアもありました。

オウムには八〇年代後半から九〇年代前半にかけて、多くの若者が入信し、一時は一万人を超える信者がいたとされています。信者の中には、有名大学の出身者など、学歴的にはエリートとされる人も多々いました。ニューヨークやソ連（現在のロシア）にも支部をつくっていました。

やがてオウム真理教は過激化していきます。

脱退しようとした信者を監禁し殺害したり、オウム真理教の被害者を救済する活動をしていた弁護士一家を惨殺したりもしました。

しかし、警察は宗教団体がそのような凶行に及ぶことは想定していなかったようで、オウム真理教はなかなか捜査対象にはなりませんでした。

そしてオウムは、一九九五年三月に東京の地下鉄列車内で猛毒のサリンという化学物質を撒き、無差別大量殺人を行ないます。

この地下鉄サリン事件では、一三人が亡くなり、五〇〇〇人以上が負傷するという前代未聞のテロ事件となりました。ここにきてようやく警察もオウム真理教の凶悪さに気付き、一連の事件について本格的な捜査を開始します。同年、麻原彰晃こと松本智津夫容疑者や、幹部たちが次々に逮捕されました。松本智津夫容疑者は、二〇〇六年に死刑判決が確定し、現在も収監中です。

その後、オウム真理教は「アレフ」と改名し、また二〇〇七年にはアレフから分裂した信者たちによって「ひかりの輪」という宗教団体がつくられ、両者ともに現在も存続しています。

彼らは、自分たちを仏教徒だと称していましたが、彼らのやっていたことは、バラモン教の世界観に基づいているのです。仏典の中に、紛れ込んでいたバラモン教の教えを、ブッダの教えと思い込んでやっていたわけです。

このオウム真理教が、大事件を起こしたとき、他の仏教団体は「オウムは仏教を曲解したものだ」と形ばかりの非難をしましたが、オウム真理教の教義に踏み込んで、間違いを指摘したりはしませんでした。なぜ仏教団体は、オウム真理教の教義をまっ向から批判しなかったのか、不思議に思った方も多いはずです。

が、実は他の仏教団体もオウム真理教の教義を批判できる立場になかったのです。他の仏教団体も、バラモン教の教義であるはずの「苦行をした人だけが解脱できる」「解脱すれば全知全能になれる」というような教えを、仏教の教えとしていたからです。しかし、その教えが厳しすぎるので、他の仏教団体は実質的に守っていなかっただけなのです。

オウム真理教は、当時、数々の仏教団が教えとしていたものを純粋に具現化しようとしていたという面もあったのです。だから、仏教団たちは、オウム真理教の教義を真っ向から批判することはできなかったのです。

しかし、筆者は声を大にしていいたいです。

「あなたたちの教えは、ブッダの教えではなく、伝統的なバラモン教の教義ですから」

ジャイナ教と仏教の混同

前項では、バラモン教が初期の仏典の中に紛れ込んでいたということをご紹介しました。が、バラモン教よりもさらに多くの影響を初期仏典に与えたと思われる宗教があります。

それはジャイナ教です。

ジャイナ教というのは、日本人にはあまりなじみのない宗教ですが、ブッダとほぼ同時代に起こったインドの宗教です。

ジャイナ教は、ざっくり言うと、当時のバラモン教であまり守られなくなった戒律や苦行を厳格に守るという趣旨を持っています。

先ほども述べましたようにバラモン教は、「厳しい苦行をし、超人的な能力を身につけて解脱を得る」という思想を持った宗教です。

が、バラモン教は、その長い歴史の中で身分が固定され、バラモンと呼ばれる祭祀たちは、その特権的な地位だけを享受し、厳しい修行などはしないものが多くなっていたのです。

それに対して批判的な考えを持つ人々も多く、「純粋なバラモン教の修行をしよう」という人々もたくさん現れました。

そういう人たちの中から起こったのが、ジャイナ教なのです。

つまり、純度の高い「バラモン教」というような感じです。

ジャイナ教は、ヴァルダマーナ（マハーヴィーラ）という人が、つくった宗教です。ヴァルダマーナは三〇歳のときに出家し、一二年間にわたる激しい苦行の末にすべての業（カルマ）を消滅させ、ジャイナ教を開眼したとされています。カルマを消滅させたということは、自分の人生での罪を全部洗い流したというような意味です。厳しい修行をすることで、それが成し遂げられたというわけです。

つまりヴァルダマーナは、ブッダが途中でやめてしまった苦行を、最後まで貫徹した人だともいえるわけです。

ジャイナ教の「ジャイナ」というのは、勝利という意味だそうです。

ジャイナ教は、正しい信仰（正信）、正しい知識（正知）、正しい行ない（正業）をすれば解脱して、**「一切知《いっさいち》」**を獲得し、すべての苦しみから解放される、という趣旨を持っています。

「一切知」というのは、この世界の過去、現在、未来のすべてを知り尽くすということです。

いやあ、すごいですね。

が、こういう話も、仏教で時々聞きますよね？

オウム真理教なども、まさにこういうことを言っていましたし。

そして、このジャイナ教には、当然のことながら厳しい戒律があります。

ジャイナ教のもっとも古い聖典の一つである「ウッタラッジャーヤー」の第八章に述べられているものから、主なものを抜粋してみますね。

・生き物を絶対に殺したり傷つけないこと（アヒンサー）
・虚偽のことばを口にしないこと
・他人のものを取らないこと
・性的行為をいっさい行なわないこと
・何も所有しないこと（無所有）
・愛執と愛欲を捨てよ
・生命を維持するだけの食事を得よ
・人里離れた場所に住め

ジャイナ教の信者は、この戒律は絶対に守らなくてはならないとされています。特にアヒンサーと呼ばれる「生き物を殺したり傷つけたりしないこと」の項目については、厳密に守ることを要求されています。

なので、ジャイナ教徒たちは、歩いているときに生き物を殺さないように、常に足元を気を付けたり、空気中の虫を誤って吸い込んだりしないように、顔を布で覆ったりするのです。在家の信者たちは、農業などの仕事につくことはできません。仕事中に虫を踏んだりして殺してしまうかもしれないからです。

またジャイナ教徒は、何も所有してはならないため、原則として裸で生活しなくてはなりません。服さえも「所有」してはならないのです。ただ、これではあまりに社会生活から逸脱しているとして、ジャイナ教の中には、質素な服は認めるという派もあります。開祖であるヴァルダマーナは、最終的に断食で亡くなったとも言われています。ジャイナ教では、欲望をすべて捨て去るのが最終目標とされており、餓死することは最高に神聖なこととされていたのです。

とにかく、厳しい戒律、厳しい修行を是としている宗教なのです。バラモン教を極端に「苦行化」したものが、ジャイナ教といえるでしょう。

ちなみに、このジャイナ教は、今でもインドの一部の人々に信者がいます。

このジャイナ教こそが、人々の描く「仙人《せんにん》像」に近いのかもしれません。

このジャイナ教の戒律も、仏教に似ていると思いませんか？

少しでも仏教に知識のある人であれば、「正しい信仰（正信）、正しい知識（正知）、正しい行ない（正業）をすれば解脱して、すべての苦しみから解放される」という考え方は、仏教の一部の教えとそっくりだと思われるはずです。

また**「欲をなくせ」**とか**「生き物を殺してはならない」**とか**「何も所有してはならない」**などというのも、仏教でよく聞く話ですよね？


しかし、これらは、もともとジャイナ教の思想であり、ブッダの教えではなかったと思われます。

というのも、ブッダは、肉食を禁じてなかったし、そもそも苦行をやめて悟りを開いたわけです。欲をすべてなくすというような、最高にシンドイ苦行を課すというのは、明らかに矛盾があります。

なのに、なぜ仏教にそういう思想があるのかというと、仏典の中に、ジャイナ教の考え方が、紛れ込んでしまったからだと思われます。

初期仏典とジャイナ教の聖典にはそっくりの文章がある

実際に、ジャイナ教の聖典と、初期の仏典には、そっくりの文章もあります。
たとえば、ジャイナ教の最古の聖典であるウッタラッジャーヤーには、次のような記述があります。

「水の中で成長した蓮が水によって汚されないように、そのように諸々の愛欲に汚されない人、彼を我々はバラモンと呼ぶ」

つまり、ジャイナ教のバラモン（解脱者）は、愛欲を断ち切らなくてはならないということです。
これとほとんど同じ内容の文言が、最古の仏典とされているスッタニパータにもあるのです。

「聖者は、何物にも滞ることなく、愛することもなく、憎むこともない。悲しみも物惜しみも彼を汚すことはない。たとえば蓮の葉の上の水が汚されないようなものである」（第

四「八つの詩句の章」八一一)

これを比べると、意味はほとんど同じになります。

「蓮の葉が水に汚されないように、聖者(バラモン)は愛欲や感情に汚されない」

ということです。

おそらく、二つとも、出どころは同じでしょう。

「愛欲を捨て去れ」というのは、ジャイナ教の主要な戒律なので、ジャイナ教の戒律が、仏典の中に紛れ込んでいると考えるのが自然だと思われます。

ジャイナ教の開祖であるヴァルダマーナという人は、当時のインドの人々が想像する救世主像に近いものだったと思われます。バラモン教では、厳しい修行の末に、所有欲も、愛執も、すべてなくなり、解脱できる、という思想がありましたから。

一方、ブッダは、想像上の救世主像とはかなり違います。なにしろ、苦行を途中でやめているわけですから。

救世主としては、なんともみっともないわけです。

しかし、知名度はブッダのほうがありました。

ブッダの在世中、ブッダの言葉に感銘を受けた人が多く、その教えはまたたく間に広まりました。

その後、ブッダの教えが人々の記憶から薄れていっても、ブッダの存在自体は、神格化されていきました。

だから、ジャイナ教の開祖ヴァルダマーナの人生と、ブッダの人生を重ねあわせて語られてきたのだと思われます。

ブッダが、さも苦しい修行の末に悟りを開いたというようなニュアンスで語られることがあるのも、このジャイナ教の影響によるものでしょう。

実は仏典の中に、バラモン教や、ジャイナ教の教えが混じっているということは、かなり以前から多くの学者から指摘されていたのです。

しかし、なぜ似てきたかということを本格的に研究、分析することは、されてきませんでした。

「仏教とジャイナ教は似ている点が多い」

というだけで片付けられてきたのです。

が、ジャイナ教と、ブッダの教えが似てしまうというのは、少し考えれば非常に不自然なことだとわかるはずです。

ジャイナ教は苦行の限りを尽くした先に生まれたものであり、仏教は苦行を否定することで開かれた教えです。

成り立ちがまったく違うのです。

前者は人に不自然を強いることが前提の教えであり、後者は人に不自然さを強要しない教えのはずです。

この点だけでも、しっかり掘り下げていけば、仏教とジャイナ教のどの部分が、混ざってしまったのかがわかるはずです。

しかし、両者の類似点、相違点について、しっかり掘り下げるという研究はされてこなかったのです。仏教界では、お経というだけでありがたがり、その真偽をきちんと調べたりはしてこなかったのです。

ジャイナ教が一貫して厳しい苦行を掲げてきたのに対し、仏教は、苦行を否定していま す。それなのに、仏典の中には、苦行めいた戒律も入っています。

この状況を見れば、仏典の中に、ジャイナ教が紛れ込んできたと考えるのが、自然だと思われます。

ブッダの「苦行を否定する」という教えは、当時のインドでは常識からはずれたものでした。当時のインドに限らず、歴史的に見ても、人々は「宗教に対して苦行を求めて」きました。

太古から「宗教とは苦行するもの」という固定観念があります。仏教も、最初はその固定観念を打ち破ることから始まったのですが、社会全体の苦行を求める雰囲気に抗しきれず、ジャイナ教の教えに侵食されてしまったものと思われます。

そして、ブッダが否定したはずの「苦行」を、後世の仏教徒は一生懸命するようになったりしているわけです。

そのため仏典には、「人に対してすごく優しい部分」と「人に対してめちゃくちゃに厳しい部分」が混在することになってしまったものと思われます。

アショーカ王の功罪

初期仏典の中に、バラモン教やジャイナ教の教えが入り込んでしまった原因として、アショーカ王という人物も大きく関係していると思われます。

アショーカ王というのは、初期の仏教に、良くも悪くも大きな影響を与えた人物です。

紀元前四世紀から紀元前二世紀のころに、インドのほぼ全域を統治したマウリヤ朝という王朝の三代目の王です。

この人は、仏教の歴史を語る上で、欠かせない人なのです。

アショーカ王は、ブッダの死後一〇〇年から二〇〇年ごろの人です。彼は、当時、新興宗教だった仏教に入信し、教団を保護しました。このアショーカ王の保護のおかげで、仏教は飛躍的に広まったとされています。

そしてアショーカ王は、仏典の編纂などにも力を注いだとされています。初期仏典のかなりの部分は、アショーカ王のプロジェクトによって採取、編纂されたと見られています。

まあ、仏教にとってみれば、アショーカ王は、「勢力拡大」の功労者なわけです。

そのため、中期以降のさまざまな仏典に、仏教を広めた「義人」としてアショーカ王の名は記されています。

が、実はこの人、仏教にとっては**「罪」**の部分もかなり大きいのです。

というのも、アショーカ王は、仏教だけを大事にしたわけではなく、昔からのバラモン教や、仏教と同時期に勃興してきたジャイナ教など、宗教全般を大事にした人なのです。

アショーカ王は、王権獲得のために異母兄弟などを一〇〇人近く殺害したとされ、また国の勢力拡大の過程で何万人もを虐殺したとされています。彼は、自分の行ないに対して悔恨の念を持ち、贖罪《しょくざい》のために各宗教を保護したともみられています。

そして、各宗教同士の争いを、諌めました。

アショーカ王は、ブッダの教えを深く理解するというよりは、宗教の力を借りて、国を平穏にしたいと考えていたようでした。

そのため、仏教もバラモン教もジャイナ教も、「みんな大事に保護するからそれぞれ仲良くやってよ」というスタンスをとっていました。アショーカ王は、宗教間同士の諍いを、法により禁じました。

国の統治方法としては、非常に賢明だったといえます。宗教間の争いというのは、今も昔も、社会を分断させますからね。

が、この各宗教同士の融和政策により、仏教にとってもっとも大事な教義の部分が失われた可能性が高いのです。

というのも、何度も言いましたように仏教は、バラモン教、ジャイナ教とは、明白に違う方向を向いていました。

バラモン教、ジャイナ教が、**「苦行の末にスーパースキルを獲得する」**ことを最大の目標としていたのに対し、仏教はその発想を否定することが、教義の基本でした。

仏教とバラモン教、ジャイナ教は正反対ともいえるようなものです。

バラモン教とジャイナ教は、相容れる部分が多々あり（そもそもジャイナ教はバラモン教を純化したような宗教)、同化しても教義自体にはそれほど大きな影響はなかったものと思われます。

が、仏教の場合、バラモン教とジャイナ教と同化してしまえば、正反対の教えが入り込んでしまうことになります。

にもかかわらず、アショーカ王は、それぞれの宗教を保護し、宗教同士が仲良くすることを強制したものですから、それぞれの宗教が同化してしまった部分が多々あるものと思われます。

実際にこの当時、仏教団の中に多くのバラモン教徒やジャイナ教徒が入ってきたことが仏典に記されています。

初期仏典の中に、ブッダの教えとは正反対の事項が紛れ込んでいるのは、このアショーカ王の政策も大きな要因の一つだと考えられるのです。

なぜ僧侶たちは仏典の間違いを二〇〇〇年以上も放置したのか?

このように、仏典というのは、いろんな誤解や曲解が入り混じっているわけです。

おそらく、一つの仏典、一つの詩、一つの文章の中にさえも、ブッダの言葉とは違う教えの言葉が混ざっているものと思われます。

単純にバラモン教やジャイナ教が混ざっているだけじゃなく、口伝者の意向が混ざったり、誤解して伝わったりしたものも多数あると思われます。

つまり仏典というのは、不純物だらけといえるのです。

科学的客観的に仏教史を研究している人であれば、「仏典がブッダの純粋な言葉を表している」とは、絶対に言わないはずです。

だから、もしブッダの本意を知ろうと思えば、バラモン教やジャイナ教などとの比較検討が欠かせないわけです。

しかし、何度も言いましたように、僧侶や学者たちは、二〇〇〇年にわたる仏教の歴史の中で、その作業をほとんどしていないわけです。

「仏典は、バラモン教、ジャイナ教と似ている部分がある」

というだけで片付けてきたのです。

仏典の中には、明らかに矛盾している部分がたくさんあるにもかかわらずです。

二〇〇〇年以上の間、仏教の僧侶たちが、仏典の矛盾について何も指摘してこなかったというのは、どういうことでしょう？

ブッダは苦行を否定して仏教を開眼したのに、仏典の中には、「人と交わるな」「愛執を断ち切れ」とか「欲望を滅せよ」などという、相当に厳しい「苦行事項」が入っているのです。

普通であれば「この部分おかしくない？」と、誰かが気づき、よくよく調べてみて、「なんか、ジャイナ教の教えが混ざっていたみたい」ということになるはずです。

二〇〇〇年以上も誰もこのことに気づかなかったのでしょうか？

おそらくではありますが、気づいた人は、たくさんいると思われます。

しかし、仏教団には、それを修正できない事情があったと思われるのです。

というのも、仏教は、ブッダの死後、急拡大し、大きな社会勢力となります。

そうなってくると、仏教団の維持が、仏教徒たちの大きな目的となっていったはずです。

仏教徒の長老たちはバラモン教で言う「バラモン」のような地位になり、指導者や祭司的な立場になります。彼らが、自分の地位や仏教団を維持継続させていくためには、「ブッダの教え＝尊いもの」というイメージを持たせなくてはなりません。

「誰でも理解できて、すぐに実行可能な教え」

では、都合が悪いのです。

仏教の指導者たちにとっては、

「ブッダの教えは難解で厳しいもの」

という形にしておいたほうが都合がいいのです。

なかなか悟りを得られないからこそ、人々は仏教の指導者たちに教えを仰ぐ。そうやって人々の尊敬を集めたり、寄進を増やそうというわけです。

言ってみれば、免許皆伝を難しくすることで、免許の価値を高め、弟子を増やそうとする家元のようなものです。

つまり、仏教団や指導者（僧侶）の立場を強化するために、あえてバラモン教やジャイナ教の苦行の部分を受け入れたのではないか、ということです。

そして、中期以降の仏典では戒律がどんどん厳しくなっていき、「僧侶の言うことを聞き、信心深い生活をしないと地獄に落ちる」とまでエスカレートしていったものと思われます。

つまりは、僧侶や仏教団が、自分たちの地位を守るために、ブッダの教えを捻《ね》じ曲げたということです。

「愛執を断ち切る」とか、「欲望を滅する」などの事項は、長い仏教の歴史の中で、絶対に誰も成し遂げていないはずです。どんな高尚な僧侶も、愛執を断ち切ったり、欲望を滅したりはできなかったはずです。

誰も成し遂げていないはずのことを、仏教の主要な教えの一つに掲げ、さも「自分たちはやってます」というフリをし続けてきたのです。

こんな矛盾することを堂々と教えてきたわけですから、寺社や僧侶というのは、かなり図々しい存在だといえます。

彼らは一般の信徒たちに、「愛欲を断ち切れ」とか「欲望を滅せよ」「そうしないと地獄に落ちる」などと、長い長い間、プレッシャーをかけてきたわけです。そして、それをまともに実行しようしてきた人たちも、歴史的に見て大勢いるわけです。オウム真理教の信者たちなどは、その最たるものといえるでしょう。

寺社や僧侶には、カルト教団の教祖などを非難する資格などはまったくないのかもしれません。

第3章

ブッダの本当の教えとは？

ブッダの本当の教えは人に優しく現実的だった？

これまで、初期仏典の中には、バラモン教（ヒンズー教）、ジャイナ教などの世界観が混ざっていることを述べてきました。そのために、後世の仏教徒たちは、ブッダの教えとは正反対の苦行に走るようになった、と。

では、ブッダの本当の教えとは、一体どういうものだったのでしょうか？

ここまで読んで来られた方の中には、こういう発想を持つ人もいるでしょう。

「初期仏典から、バラモン教やジャイナ教と重複する部分を取り除けば、ブッダの教えの本質が見えてくるのではないか？」

と。

仏典がつくられた状況を考えれば、初期仏典の中から、バラモン教、ジャイナ教などの世界観の入った内容を取り除けば、ブッダオリジナルの思想が浮かび上がってくるはずです。

そして、それが**「本当のブッダの教え」**ということになるはずです。

が、信じられないかもしれませんが、これまで仏教徒たちや学者たちは、その作業をほとんどしていないのです。

仏典そのものがブッダの言葉として神聖化されているので、仏典を分析して、真実の部分と偽物の部分をより分けるなどということが、できなかったのかもしれません。

が、この作業をしなければ、ブッダの教えの本質は見えてこないはずです。

そして、この考えは、筆者のオリジナルではありません。

これまで何度も著書を引用させていただいた仏教史の第一人者である元東京大学名誉教授の故中村元氏が、主張していたことでもあるのです。

中村氏は、その著書「釈尊の生涯」の中で次のように述べられています。

ほとんど区別のつかぬ仏教外の諸資料（ジャイナ教、ヴェーダ聖典など）を最古の仏典と比較して、しかもそこに何らかの区別ないし相違を見出しうるならば、それこそまさに人間としての釈尊の有する歴史的意義を明らかにしうるのではないだろうか。

（「釈尊の生涯」中村元著・平凡社）

ここで言われている「釈尊《しゃくそん》」というのは、ブッダのことです。

つまり中村氏は、「初期仏典とジャイナ教、ヴェーダ聖典（バラモン教の聖典）など当時のインドの諸派の教典は、非常に良く似ている。だから、相違部分を見つければ、それがブッダの本来の教えではないか」と述べられているのです。

しかし、中村氏は、なぜかその作業をされていないのです。

中村氏は、膨大な初期仏典の翻訳や研究などをされてきており、その作業をするには最適だったはずなのに、です。

なぜでしょうか？


ここからは、筆者の推測です。

筆者が、ざっくりと初期仏典の中から、バラモン教の世界観のある内容を取り除いてみたところ、残ったのは**「人に優しい、現実的な教え」**だったのです。

中村氏にとっては、この「人に優しい、現実的な教え」がブッダの教えの中枢だとは思えなかったようなのです。

「ブッダの教えは厳格で高尚なもの」

「ブッダの教えは、普通の人が簡単に実行できるものではない」

というイメージを持っておられたようなのです。

これまで、仏教はその長い歴史の中で、そういうイメージを植え付けてきましたからね。

だから、それも無理はないものと思われます。

中村氏は、初期仏典の研究に生涯をささげられた人です。ブッダの神格化された部分をなるべく削ぎ落し、実際の姿を追い求めてきた人であり、彼は現在の仏教の形式的な仰々《ぎょうぎょう》しさをたびたび批判してきました。

それでも、幼いころから仏教の儀式などは見聞きし、荘厳なイメージを植え付けられていたはずです。だから「ブッダの教えは厳粛なものだ」という先入観を持たれても仕方がないと思います。

おそらく中村氏は、初期仏典からジャイナ教やバラモン教の世界観などを取り除く作業をしたことがあると思われます。その結果「人に優しい、現実的な教え」が残ったことまではわかっていたはずです。

でも「これはブッダの教えの本質ではないはず」と判断したのではないでしょうか。

が、まえがきでも述べましたが、筆者は仏教に対して、荘厳《そうげん》なイメージはまったく持っておりません。

荘厳な儀式の裏で僧侶たちが何をやってきたか、僧侶たちが何を考えているのか、嫌というほど知っているからです。

なので、筆者は、何の躊躇もなく初期仏典からバラモン教やジャイナ教の世界観を取り除くことができます。そして、それがブッダの教えにもっとも近いものだろうと、素直に感じることができます。

つまり、筆者は、初期仏典の中の「人に優しい現実的な教え」こそが、ブッダの教えにもっとも近いものではないか、と思うのです。

初期仏典の中に「人に優しく、誰にでもすぐに実行可能な教え」があることは、古来から知られていました。

また仏典の中で人気のある説話というのは、だいたいそういった「人に優しく、誰にでもすぐに実行可能な教え」でした。

が、後世の仏教団は、それが仏教の本質だとはしませんでした。仏教の本質は、「長い修行の末に会得できるもの」とされていたのです。

もしブッダの本当の教えが「人に優しく、誰にでもすぐに実行可能」だった場合、仏教団や僧侶たちは、その存在意義を失ってしまいます。誰でも、すぐに実行できるのであれば、指導する僧侶は特に必要ありませんからね。

だから、彼らにとっては、それが間違いだとしても、「仏教は難解で厳しいもの」である必要があったわけです。

二、三時間で「悟り」は得られる？

ところで、古来から
「仏教でいう悟りとは、なんぞや」
ということが、人々の間で議論されてきました。
「厳しい修行の後に全知全能の存在になること」を悟りという人もいます。カルト教団などは、この類ですよね。そして、意外にこの説を信じている人が多いようです。

原始仏典では、悟りとはこういうものだと具体的にわかりやすく示していないので、推測するしかないのが現状です。

なので、初期仏典から、ブッダの弟子たちが、どうやって悟ったのか？　を見ていき、悟りとは何なのかを分析してみたいと思います。

弟子たちが、悟りを開く過程というのは、初期の仏典に書かれているケースはほとんどありません。

でも「一グループ」だけ、悟りを開く過程が記されています。

それは、ブッダから最初の説法を受けた五人です。

ブッダは、悟りを開いた後、かつて一緒に修行をしていた五人のところに行き、最初の説法をしています。

この五人は、出家したばかりのときはブッダと一緒に修行をしていましたが、ブッダが苦行をやめて普通に食事などをとるのを見て幻滅し、離れていったのです。

ブッダは悟りを開いたあと、まずこの五人に会いに行き、説法をしようと試みるのです。

そして、この五人は、ブッダの説法を受けて、すぐに悟りを開いたことになっています。

初期仏典の一つである「増一阿含経」巻一四には、五人がブッダの最初の説法ですぐに悟りを開いたことが記されています。

つまりブッダの話を、何日か聞いただけで、五人は悟りを開いたということです。

というより、状況的に見て、何日も話をじっくりきくという姿勢はありませんでした。当初、彼らは、ブッダに幻滅していましたので、うがった感情を持っていたはずです。そういう五人が、ブッダの話を最初から真剣に聞くはずはありません。だから、ブッダは、手っ取り早く、要旨を話し、すべてを納得させなければならなかったはずです。

だから最初のちょっとした話だけで、五人は目から鱗が落ちたようにブッダに感銘を受けたと思われます。

せいぜい、二〜三時間でしょう。

つまり、仏教の本当の「悟り」というのは、厳しい修行も、深い知識も必要せず、ちょっと話を聞いただけで会得できるような**「実に簡単なもの」**だったということになります。

誰でも、ブッダの話を聞きさえすれば、すぐに悟りを開けるというわけで、まさに**「即身成仏」**なわけです。

そして、せいぜい二〜三時間の話を聞いて悟りを開けるという事実は、前項で述べた「ブッダの教えは、人に優しく現実的なものだった」ということとも符合するのです。

ブッダの教えには、体系的な教義などはなかった

ブッダの教えは、そもそも他の宗教にあるような体系的なマニュアルなどはなかったと思われます。

たとえば、最古の仏典とされているスッタニパータの第四「八つの詩句の章」八三七には次のような文言があります。

「『わたしはこのことを説く』ということがわたしにはない。諸々の事物に対する執著を執著であると確かに知って、諸々の偏見における誤りを見て、固執することなく、省察し

つつ内心の安らぎをわたしは見た」

なんだか少しわかりにくい表現ですが、

「自分はこれといって悟り得る方法を説くわけではない」

「自分はいろんなものにこだわったり、偏見を持ったりしているということが、わかった。だから、自分自身を正直に見つめ、いろんなこだわりや偏見を捨てれば、心が安らいだ」

というような意味だと思われます。

つまりは、他の宗教のように、「ああして、こうして、こうしなさい」「そうすれば解脱できます」「天国に行けます」というような、体系的な教義は、ブッダの教えにはなかったものと思われます。

たとえば、バラモン教や、ジャイナ教では、「厳しい禁欲生活を続けていれば、解脱をして、輪廻転生のループから脱出できる」という教義があります。

そういう「目標と課題」的なものが、ブッダの教えにはなかったということです。

では、ブッダは、何を説いたのかというと、

「変なこだわりや偏見を持つことで人は生きづらくなっている」

ということであり、こだわりや偏見を捨てることで、心やすく生きていけることができ

ますよ、ということなのです。

ブッダの教えとは「自分で考えること」

ブッダが死ぬ間際に、

「私はもう法（自然の法則）についてはすべて語りつくした」

「これからは法と自分をよりどころにしなさい」

と言ったということを紹介しました。

このことからも、ブッダの教えが、実はそれほど難しいものではなかったということが推測されます。

このときブッダが述べた「法」というのは、現在の法律のことではなく、「自然の摂理」「自然の法則」のようなものです。ブッダは、この「法」について、自分はもう語りつくしたと言っているわけです。

ということは、ブッダの言ったこの「法」というのは、そんなに複雑だったり、難解だったりはしないはずです。

もし、複雑だったり、難解だったりするならば、そう簡単に「もう語りつくした」などとは言えないはずだからです。そして、「自分を頼りに生きていけ」などとは言わず、誰かものわかりのいい人を選んで、重々説明しておき、その人に自分の意思を託し後進の指導を頼むはずです。

そうしないと、難解な技術、知識というのは、なかなか後世には伝わらないはずです。でも、ブッダはすべての弟子に対して「もう語りつくした」と言ったのですから、誰にでも理解できる、やさしくて、単純な教えだったはずです。

ブッダの弟子の中には、古株もいれば、新米もいます。

初期の仏典では、ブッダが死ぬ間際に入った弟子もいたとされています。

そういう弟子でさえ、もう「自分を頼りに生きていける」ようになっていたということなのです。つまりは、ブッダの説いた法というのは、それほど簡単なものだったのです。

自分の人生は自分で解決するしかない

そして、死ぬ間際のブッダの言葉の「自分をよりどころにしろ」にも、大きな意味があると思われます。

つまりは、

「自分の人生の問題は自分で解決するしかない」

ということでしょう。

ブッダが、弟子たちに求めたのは、そういうことだったのではないでしょうか？

というか、このエピソードからは、それ以外に解釈のしようがないですよね？

そして、ブッダの言う悟りというのは、実は「自分を頼りに生きていくこと」だったのかもしれません。

生きていく上では、いろんな問題が生じます。

もし、それら問題の正しい答えを教えてくれる人がいれば、だれでも頼りたくなるはずです。

しかし自分の問題というのは、他人が解決してくれるものではありません。他人は、自分の本当の気持ちを知っているわけでもないし、自分の状況を正確に把握しているわけでもありません。

また自分の人生に責任を持ってくれるわけでもありません。アドバイスくらいは求めることはできるでしょうが、本質的な解答を依存することは危険なはずです。他人に解答を求めれば、必然的に無理が生じますし、さまざまなトラブルの元になるはずです。

どんなに大変であっても、やはり自分の人生の問題は自分で判断し、解決していくしかないし、社会全体で見ても、それがもっとも安全なものだと思われます。

ブッダは、それを死ぬ間際に説いたわけです。

「欲」にも「無欲」にもこだわるな

何度も触れましたように、初期仏典の中にはジャイナ教とバラモン教が紛れ込んでいるわけですが、特にジャイナ教は、似ている部分が非常に多いのです。前述しましたように同じエピソードを語っているのじゃないか、というような箇所も多々あります。

だから、初期仏典の中から、ジャイナ教と重複する部分を取り除けば、もっとも手っ取り早く、「ブッダの教えの本質」に近づくことができると思われます。

ジャイナ教の教義と初期の仏典は、似ている部分が多々ありますが、明確に違う部分もあるのです。その部分をあぶりだすことによって、本当のブッダの教えが見えてくるのではないか、と筆者は思うのです。

たとえば、「所有についての考え方」を例にとって、仏教とジャイナ教の違いを説明したいと思います。

先ほども述べましたように、ジャイナ教では、所有欲を汚れたものとみなし、物を所有することを一切禁止しています。それは、ジャイナ教の初期の聖典にも記されていますし、ジャイナ教が始まった当初からの主要な戒律の一つでした。

一方、初期仏典では、所有についての考え方はどうなっているのか、というと、「まったく違う二つのこと」が書かれているのです。

一つは、ジャイナ教とまったく同じように所有欲を否定するものです。たとえば、スッタニパータ第三大いなる章六三九では次のような文言があります。

「この世の欲望を断ち切り、出家して遍歴し、欲望の生活の尽きた人…彼をわたしは悟りを得た人と呼ぶ」

これを見れば、「人にとって欲望を断ち切ることが最上のこと」という価値観ですね。ジャイナ教とまったく同じです。

が、同じスッタニパータという仏典の中で、所有に関して、これとはまったく違う考え方を示しているものがあるのです。欲望を否定するのではなく、欲望に振り回されて生きることを戒めるものです。

「悟りを開いた人は、欲を貪ることなく、また無欲を貪ることもない」（第四「八つの語句の章」七九五）

ここでいう「欲を貪《むさぼ》る」というのは、過度に「欲」に依存するというような意味です。つまりは、過度に欲に依存するのはダメだと言っているわけです。欲を全面的に否定しているわけではありません。

たとえて言えば、「お金をまったく欲しがるな」ということではなく、「守銭奴《しゅせんど》になるな」というようなことです。

そして、過度に欲に走ることを戒めると同時に、「無欲」に走ることも戒めています。

つまり、欲にこだわることと同じように無欲にこだわることも、ダメだよと言っているわけです。

前者は欲望を断ち切ることを求めていますが、後者は欲望を断ち切るのではなく「こだわるな」と言っています。

これは、似ているように見えて、まったく違います。

人間が欲望を断ち切ることは現実的には無理です。

「自分は欲望を断ち切った」と言っている人がいたとしても、それは自分がそう言っているだけであって、実際に、断ち切ることなどはできないはずです。

ですが、欲望に過度に依存せずに生きていくことは、普通の人でも可能です。

なので、前者は「人にとって不可能なこと」を要求しており、後者は「誰でもちょっと気を付ければできること」を要求しているのです。

そして、前者は、ジャイナ教と酷似しています。というより、ジャイナ教の教えそのものです。

しかし、後者は、ジャイナ教の教えには出てきませんし、バラモン教の教えの中にも、ありません。

だから、後者のほうがブッダのオリジナルであり、ブッダの本当の教えではないか、と筆者は推測するわけです。

このようにして、ジャイナ教の教えと、初期仏典の内容を比較検討していけば、ブッダの教えの輪郭が見えてくるのではないか、と筆者は思うのです。

では、これから、その作業をしていきたいと思います。

初期の仏典の中から、ジャイナ教と重複する部分を取り除き、ジャイナ教と大雑把に比較をしてみると、だいたい次ページの表のようになります。

ブッダの教えとジャイナ教との違い

	ブッダの教え（原始仏典）	ジャイナ教
身分制度について	人はみな平等、あらゆる職業での差別もない	カースト制度は不可。しかし生物を殺さない一部の清廉な職業しか認めない
所有について	人は所有できるものなどない（死んだらすべて無に帰す）。だから、所有にこだわるな。所有しないということにもこだわるな（所有自体を禁止しているわけではない）	何も所有してはならない。衣服の着用さえ認めない宗派もある
欲望について	欲望に振り回されずに生きていけ。「欲を捨てること」にも、こだわるな	すべての欲望を消滅させよ
苦行について	苦行に意味はない	苦行は絶対必須
最終目的	こだわらずに生きていくこと	輪廻転生から脱出すること
愛欲について	（無常なものなので）依存するな	すべて断ち切れ

もちろん、私は学者ではなく、膨大な資料を綿密に調査したわけではないので、完全なものとはいえません。

ぜひ、仏教史の学者の方、初期の仏典から、当時のバラモン教、ウパニシャッド哲学、ジャイナ教、ヨガなどの分を取り除いてみる、という研究を本格的にやっていただきたいものです。

人は皆、平等である

ここからは、バラモン教やジャイナ教にはない、ブッダの独自の思想を筆者が抽出したものを、いくつか挙げていきたいと思います。

ブッダの教えの特徴としてまず挙げたいのは、**「人は皆、平等だ」**ということです。

このブッダの教えは、原始仏典から新しい仏典までに頻繁に出てきます。

もっとも古いとされている仏典「スッタニパータ」にも、第三「大いなる章」六一一に次のような文言があります。

「身をうけた生きものの間ではそれぞれ区別があるが、人間のあいだではこの区別は存在しない」

この「人の間に区別はない」という思想は、今となっては当たり前の人権思想となっていますが、当時のインドの社会では大変衝撃的な思想だったと思われます。

何度も触れましたが、当時のインドでは（現在でもそうですが）、バラモン教による強固な身分制度がありました。

そんな中で、「人は、みな平等に生まれている」という思想は、なかなか口にできるものではなかったと思われます。

強固な身分制度があった時代において、「人には区別はない」というブッダの主張は、これまでのバラモン教やそのほかの宗教、哲学とは一線を画すものでした。

ジャイナ教も、カースト制度そのものは批判していました。しかし、ジャイナ教では職業による貴賤があるとされ、生物を殺すような職業には一切就くことができないという縛りがありました。だからジャイナ教徒は、農業にさえ従事することができなかったのです（作業中に誤って虫を殺すことがあるので）。しかも売春婦などは、絶対にいてはならない職業でした。そして、ジャイナ教の最初の弟子とされる一〇人は、いずれもバラモン階級の人でした。だから、ジャイナ教は、実質的に人間の平等を唱えているわけではなかったといえます。
またスッタニパータの中には、次のような文言もあります。
「自分を他人と『等しい』と示すことなく、他人よりも『劣っている』とか、あるいは『勝れている』とか考えてはならない」（第四「八つの詩句の章」七九九）
こういう文言からも、「人の間に貴賤はない」ということが、ブッダの教えの中枢だったことが窺えます。

人は必ず死ぬもの

仏典で有名な説話に「キサーゴータミー説話」というものがあります。

その話は、次のようなものです。

ゴータミーという貧しい若い女性が、生まれたばかりの我が子を病で失ってしまいました。ゴータミーは、狂わんばかりに嘆き、我が子を生き返らしてくれる薬を必死に探し求めます。それを聞いたブッダの弟子が不憫《ふびん》に思ってゴータミーに言います。

「もしかしたら、私の師ならばその薬をくれるかもしれないよ」

ゴータミーは、藁《わら》をもつかむ気持ちで、ブッダのところへ行きました。

ブッダは、ゴータミーにこう言いました。

「その子を生き返らせる薬をあげましょう。ただし、誰も死人が出たことのない家の白辛《から》子《し》の種が必要です」

ゴータミーは、それを聞いて、必死に白辛子の種を探しました。

でも、どこの家に行っても、「あなたの家は死人が出たことがないですか」と聞くと、必ず、「いいえ」と答えます。やがてゴータミーは、死というのは、あらゆる家で起こっているだということを悟ります。


これは、法句経注釈書（ダンマパダ・アッタカター）というかなり古い仏典に載っており、またほとんどの宗派が継承している説話です。

仏教の中で、もっとも有名な説話なので、ご存知の方も多いかもしれません。

この話は、あまりにストーリーができ過ぎているので、もしかしたら後世の編者のペンが入っているかもしれません。

が、ブッダは、この話以外にも、初期仏典でたびたび「どんな人も必ず死ぬ」「それを忘れるな」ということを述べています。

たとえば、もっとも古い仏典とされているスッタパニータには、次のような文言があります。

「生まれたものどもは、死を逃れる道がない。老いに達しては、死ぬ。実に生あるものの定めは、このとおりである」(第三「大いなる章」五七五)

「若い人も、壮年の人も、愚者も賢者も、すべて死に屈してしまう。すべての者は必ず死に至る」(第三「大いなる章」五七八)

「かれらは死にとらえられてあの世に去っていくが、父もその子を救わず、親族もその親族を救わない」(第三「大いなる章」五七九)

このように、ブッダは、人は必ず死ぬものだよ、若いとか老人とかにかかわらず、死ぬときは死ぬものなのだ、と繰り返し述べています。

だから「キサーゴータミー説話」に似たエピソードがあったのは事実でしょう。

この「キサーゴータミー説話」では、ブッダは母親に対し「死ぬのは当たり前」というような厳しい言い方はせず、少しずつ理解できるような優しい言い方をしています。

母親が幼い子供を亡くすことというのは、おそらくこの世でもっとも辛いことでしょう。それを急に受け入れることは、なかなか難しいはずです。ブッダは、それを汲《く》んだものと思われます。

嘘も方便という仏教のことわざは、この「キサーゴータミー説話」が起源になっているとも言われています。

ブッダは説話のときにはその人その人の感情や知識に合わせて話をしたと言われています。

ブッダは、法（自然の摂理）を説いた人ですが、それは必ずしも冷たい合理主義ではなく、「人の感情も含めた自然の摂理」だったわけです。

「子供の死は前世の報いなどではない」

前項で紹介した「キサーゴータミー説話」でのブッダの言葉は、今の私たちが見ると、

すぐに気づけよ！ゴータミー!!

もし生き返らせたいなら...

ハイ！
ゴータミー
死人が出たことのない家の白辛子の種を探しなさい
お宅、死人が出たことあります？
当然ある！
!
もしかして…!? 人はみな死ぬ？
ウソも方便！

「なんだ当たり前のことを言っているだけじゃん」

という感じになるでしょう。

が、当時の時代背景を考えると、大変大きな意味を持つ言葉だったと推測されます。

当時、急に子供を失った母親というのは、子供を失った悲しみとともに、もう一つ大きな苦しみがありました。

それは、**「自分は何か悪いことをしたのではないか？」**という苦しみです。

突然の不幸に見舞われると、人は得体のしれない恐怖を感じます。

そして、**「自分が何か悪いことをしたから罰があたったのではないか」**と考える人も多いはずです。あげくの果てには前世の祟りだと考えたりする人もいるでしょう。

当時、インド地方で信仰されていたバラモン教というのは、そういう発想を持っていました。

また元来、人はそういう発想を持ちがちです。

特に、科学の発達していない当時のインドの人々にとって、「子供の突然の死」というのは、なにかの報いだと考える人が、非常に多かったはずです。

地震、雷のメカニズムもわかっていない時代です。当時の人々にとって、地震や雷が起きれば、「神が怒っている」としか思えなかったはずです。

自分の大事な子供が急死すれば、神が怒っているのではないかと、考えてしまうのも無理はないことかもしれません。

つまりは、突然の悲しみというのは、人にとっては、二重の苦しみをもたらすものだったといえるでしょう。

しかし、ブッダはその悲しみに打ちひしがれた母親に対し、「あなたの子供は、たくさん死んでいる子供の中の一人に過ぎない」と言い放ったのです。この時代に、「死は自然なこと」と言い切るのは、相当の思い切りというか、勇気のいる発言だったと思われます。

母親はその厳しいともいえる言葉を突き付けられたとき、最初はなかなか受け入れられなかったかもしれません。

が、時が経つとともに、母親の心は軽くなったはずです。少なくとも、「何かの報いで子供が死んだわけではない」という言葉は、母親にとっては救いになったはずです。

現在でも、自分の愛する人が突然、死んだりしたとき、「何かの報いじゃないか」って思うことがありますよね？

というより、カルト教団の多くはそういうことを言っていますよね？

カルト教団というのは、人の一番弱い部分に、つけ込んでいるわけです。

が、ブッダという人は、人のその一番弱い部分に、厳しいながらも的確な手当てをしたといえるのではないでしょうか？

ブッダの教えの神髄はそこにあるのではないかと、凡夫の筆者は思うのですが、みなさんはどう思われますか？

この世はかりそめということ

ブッダは、初期仏典の中で「人は必ず死ぬ」ということを、とても強調しています。

たとえば、最古の仏典とされるスッタニパータ「第四　八つの語句の章」八〇七には、次のような文言があります。

「夢の中であった人でも、目が覚めたならもう会うことはできない。それと同じように、どんなに愛した人でも死んでしまったなら、再び見ることはできない」

「人の命は永遠ではない、愛した人も自分もいずれは死ぬ」

つまりブッダは、この世はすべてかりそめのものということを言っているわけです。

冷たい言い方のように聞こえますが、残念ながらこれは「明白な事実」なわけです。誰もが、いずれは死ぬ運命にあり、**「人生そのものがかりそめ」**なのです。

ブッダは、この事実を突きつけただけなのです。

そして「この世はかりそめだから、すべてを捨てなさい」とか「この世はかりそめだから、世の中に尽くしなさい」などということは言っていません。

「この世がかりそめなのを知りなさい」

ということだけです。

この事実を受け入れた上で、「自分の生き方を考えなさい」ということなのでしょう。

「この世がかりそめということなんて、わかりきったこと。それを聞いてもありがたくもなんともない」

と思う人もいるかもしれません。

しかし、人生には必ず終わりがあり、この世はかりそめに過ぎない、ということは、誰もが知っているようで、実は誰もが忌避《きひ》している事実ですよね？

みんな、いずれ自分は死ぬということは、薄ぼんやりとわかっているけれど、誰もが、いつかは死ぬという現実から離れて、日々生きているわけです。

「この世がかりそめ」

という事実を改めて突き付けられ、それを受け入れると、人生観ってかなり変わると思うんです。

「人生のありがたみを感じる」

と言いますか。

自分が死ぬような大病をしたり、身近な人が死んだりしたときに、人生観が変わるって、時々言われますよね？

死をリアルに感じると、生き方が変わると。

「限られた自分の人生を精いっぱい生きよう」というような。

「人生は限りがあるもの。常にそれを意識して生きていけ」

ブッダの教えというのは、そういうことだと筆者は思うんです。

自分を愛するように他人を愛しなさい

これまでブッダは、「人生は限りがあること」を繰り返し語ってきたことを述べました。

そして**「だから物事にこだわるな」**と。

ではブッダは人との関わりについてはどう教えていたのでしょうか？

初期仏典のサンユッタ・ニカーヤの第三篇第一章八節には、次のような文言があります。

「どの方向に心でさがし求めてみても、自分よりもさらに愛しいものをどこにも見出さなかった。そのように、他の人々にとっても、それぞれの自己が愛しいのである。それ故に、自己を愛する人は、他人を害してはならない」（『ブッダ神々との対話』中村元著・岩波文庫）

これも、非常に説得力のある言葉ではないでしょうか？

ブッダは、自己を犠牲にして他人を愛せとか、他人のために尽くせなどと、無理難題は言っていないのです。

「自分の身を犠牲にして他者に尽くせ」

と唱える宗教家もたくさんいます。

そして、自分の欲を捨て去ることが、「最善のこと」のように言う人もたくさんいます。

バラモン教やジャイナ教でも、それが「解脱」だと説いています。

でも、それは、絶対に現実的ではありませんよね？

そういう非現実的な思想を信じ込む人は、結局は、現実的な判断力が欠けていると思われます。だから、そういう人は得てして自分の師や無理な思想に振り回され、人のため、社会のためと称して、他人を傷つけたり、害したりするようになるわけです。カルト教団などが良い例です。

そういう無理なことを押し付けるのではなく、普通に「あなたは自分が一番大事でしょう？　それと同じように他の人も自分が大事なんだよ。だから、他人のことも大事にしてあげなさい」という教えのほうがよほど現実的で説得力があるものと思われます。

そして、「自分が可愛いから他人をも害さない」というほうが、現実的に人間関係を円滑にする考え方ですし、もっと広く言えば、世界平和にもつながる思想だと思われます。

ブッダは無神論者か？

ここまで読んでこられた人の中には

「ブッダは無神論者だったのか？」

と思う方もいるかもしれません。

初期仏典の中には、神や悪魔、極楽や地獄などというキーワードはほとんど出てきません。本書でも、そういうキーワードについてはほとんど言及していません。

ブッダは無神論者だったのかと問われれば、「そういう可能性もある」ということになるでしょう。

しかし、ブッダは、「この世界の創造主に対しての敬意」は、人一倍持っていた人のように、筆者は思います。

そもそも、有神論者の人たちが描く「神」というのは、あくまで想像上のものです。「神がつくった厳しい決まりを守った人だけが天国に行ける」

有神論者の人たちはそう主張します。バラモン教などはその最たるものです。

そして、バラモン教に限らず、宗教を信じる人というのは、だいたいそういう考えを持っています。

が、この「天国ゴール・システム」は、誰も証明したことはありませんよね？

しかも、「神がつくった厳しい決まりごと」というのも、実は人が勝手に想像でこしらえたものです。その中には、人が絶対に実行できないような「苦行」が含まれていることも多々あります。

ブッダは、そういう「人の勝手な想像」をできる限り省き、「この世界とはどういうものなのか」を、現実的に分析し尽くした人だと思われます。

つまり創造主がつくったものに対して、自分勝手な解釈を加えるのではなく、ありのままに受け入れようとしたわけです。

　宇宙のこととか、物質のこととか、人体のこととか、ちょっとでも科学の知識がある人はわかると思いますが、この世界というのは、相当に深遠で、複雑で一筋縄ではいかない、人の想像をはるかに超えた仕組みで成り立っています。

　そういう奥深いものをつくられた創造主（神様か？）が、「厳しい修行をしてスキルアップしたらゴール（解脱）」という三流のロールプレイングゲームのような仕組みをつくるはずはないのです。

「天国ゴール・システム」を信じる人と、それを否定したブッダと、どちらがこの世界の創造主に対する畏敬の念を持っているかというと、ブッダのほうだと筆者は思うのです。

　もし神がいるのであれば、神を誰よりも尊敬していたのは、ブッダではないでしょうか？

　なぜなら、神様がつくった（かもしれない）この世界というものに対し、勝手な推測をせずに、すべてをありのままに受け入れようとしたからです。

第4章

苦行信仰と超能力信仰

人は「苦行崇拝」を持っている

それにしても、なぜ後世の仏教徒たちは、これほど苦行に傾いていったのでしょう？

ブッダが苦行をやめて悟りを開いたということは、初期の仏典からずっと仏教の教えの根幹をなしてきたものです。

いくら仏典の中に、バラモン教やジャイナ教の世界観が紛れ込んできたといっても、苦行をするということは、ブッダの根本の教えとは正反対なわけです。

普通に考えれば、「これは違うだろう」ということになり、苦行は排除されるはずです。

しかし後世の仏教徒たちは、苦行を排除するどころか、時を経るごとに苦行のほうに傾いていったのです。

これは、私たちの中に「苦行信仰」があるのが原因ではないか、と筆者は思うのです。

バラモン教やジャイナ教に限らず、私たち人類には、なぜか「苦行崇拝」というような思考パターンがあるように思われます。

「苦行崇拝」とは、「苦行すること自体が、なにかすごく尊いこと」というような意識を持っていることです。

皆さんも、「苦しいこと」＝「尊い」というような意識をなんとなく持っていますよね？

人生は、つらく厳しい局面も多々あります。忍耐力が必要なことも幾度もあります。だから、「つらいことを我慢する」ということは、人生では避けて通れないことだといえます。つらい経験をすることで、人生のスキルがあがるようなことも、確かに多々あります。

たとえば、スポーツの練習などは辛いことが多く、それを乗り越えれば、上達するということがよくあります。

そういう経験を何度かしているうちに、「苦しい行ないをする」ということ自体に、価値があるかのような錯覚に陥ってしまったのではないでしょうか？

人って、誰しもこのような感覚を、多かれ少なかれ持っていますよね？

それがエスカレートしたのが、「苦行をすれば解脱を得られる」というバラモン教の世界観だったのではないでしょうか？

ブッダも、もともとは、このバラモン教の世界観である「解脱」をするために、出家したのです。

そして、厳しい苦行をしていました。

が、前述したように、ブッダは、苦行の途中でバカバカしくなって、やめてしまいました。

おそらく**「安物のロールプレイングゲーム」**のような世界観が、バカバカしくなったのでしょう。

ただし、ブッダの時代で、「苦行信仰」をやめることは、かなりの勇気が必要だったと思われます。

当時は、まだ今よりもはるかに科学が遅れている時代であり、社会のさまざまな場所で、「迷信」が生きていました。

そんな中で、インドの人々が絶対的に信仰していたバラモン教の世界観を否定したのですから、相当な勇気というか、判断が必要だったはずです。

そして、人々が強く持っているこのバラモン教の世界観を覆すのは、並大抵のことではなかったと思われます。

スポーツ、勉強、仕事…あらゆる場所に「苦行信仰」はある

この「苦行信仰」は、実は現代の我々の社会や生活の中にも、しっかり根付いています。

たとえば、四〇代、五〇代の方には、ご記憶の場合も多いかと思いますが、スポーツというのは、ほんの二〇、三〇年前まで、「練習中に水を飲んではいけない」という考え方

が支配的でした。

　高校野球など炎天下で何時間も練習しているにもかかわらず、水を飲んではいけない、というのです。

　もちろん、そういうことをしていれば、脱水症状などが生じます。実際に、脱水症状で、子供が死亡するような事故も起きていました。そういう事故が重なったあげく、ようやく、練習中に水分をこまめに補給するようになったのです。スポーツの練習中に、水分補給をするように公式に指導されるようになったのは、なんと平成になってからのことなのです。

　ちょっと冷静に考えてみれば、暑い中で激しい運動をし、大量の汗をかけば、体中の水分が減るというのは、わかるはずです。それをそのまま放置していれば、脱水症状になるのは当たり前の話です。

　が、少し前のスポーツ指導者たちは、そうは考えなかったのです。

　水を飲むのを我慢することで、体力、気力が培われると考えたのです。今でも、時折、そういう指導者はいるとも聞きます。

「とにかく心身に負荷をかけることが尊い」

　というのは、スポーツの世界では、ありがちな考え方です。

スポーツの練習はつらいものが多く、その練習をこなしたものが、いい結果を生むケースも確かに多いものです。

が、「苦しい練習」というのは、上達するための手段の一つにすぎません。

スポーツを上達するためには、「苦しい練習」だけじゃなく、休養も必要ですし、体だけじゃなく、頭を鍛えることも必要ですし、また精神をリラックスさせることも時には必要なはずです。

しかし、スポーツの世界では、とにかく体に負担をかけることが偉いという価値観があります。


スポーツの世界だけじゃなく、勉強や仕事の面でも、「苦行崇拝」は幅を利かせています。

たとえば、大学受験の世界では昔、「四当五落」などという言葉がありました。これは一日四時間睡眠で頑張った人は合格するけれど、五時間寝てしまった人は通らない、という意味です。

こういうのも、冷静に考えると非常にばかげていますよね?

人間の脳は、きちんと睡眠をとっていないと、働きが悪くなるものです。

それは科学的にも証明されていますし、科学が証明するまでもなく、実生活で誰でも覚えがあるはずです。

そして睡眠時間なんて、個人差があるのです。

睡眠時間が少なくて済む人もいれば、長く寝ないと頭が働かないという人もいます。

にもかかわらず十把一《じっぱ》からげに「四時間しか寝ていなければ合格する」という考え方は、非常に雑なものであり、戦略的に見て欠陥だらけだといえます。

しかし、とにかく、あまり寝なかった人、つまり苦しい思いをした人が偉い、という価値観があるのです。


仕事でも同様です。

「とにかく長い時間、寝る間も惜しんで働くことがいいこと」

という風潮は、大なり小なりどこの世界でもあります。

特に、勤勉な日本人は、その傾向が強いといえます。

たとえば、日本の広告代理店最大手である「電通」の新入社員が、過度な残業により、自殺してしまったという事件がありました。覚えておられる方も多いはずです。電通にはそういう社風があったそうですが、そういう社風を持つ会社って、日本にはいたるところにありますよね？

でも、そういう考えも、まったく合理的ではないし、人事管理戦略として失敗していますよね？

いい仕事をするためには、休息や気分転換は、絶対に必要なはずです。寝る間もなく仕事をしていれば、体力的に疲れるだけじゃありません。視野は狭くなり、考え方の柔軟性もなくなります。少し長い目でみれば、絶対に効率は悪いはずです。

そういうことも、普通に誰でも実生活の中で知っているはずなのに、なぜか「休まずに働くことが偉い」という価値観があるのです。日本で超一流の企業である電通さえ、いまだにそういう思想にどっぷりつかっていたのです。

もちろん、貧しい境遇の人が、寝る間も惜しんで働くことによって出世したという話もたくさんあります。でも、その人は、そういう時代、そういう境遇の中で最善の方法を尽くしただけであって、いつの時代でも、誰にとっても、「寝る間も惜しんで働くこと」が最善の方法ではないはずです。

つまり、自分の望みをかなえる方法の一つに過ぎなかった「苦労する」ということが、それ自体が目的化してしまっているのです。

「どれだけ苦労したか」が一番大切なこと、というような。

それが、「苦行信仰」というわけです。

この「苦行信仰」が、最高潮にエスカレートしたのが、宗教における「苦行」なのではないでしょうか？

たとえば比叡山《ひえいざん》で厳しい修行しているお坊さんを見たら、誰もが尊敬の念を抱きますよね？

それが実は「苦行信仰」だといえるのです。

非常に失礼な言い方ですが、厳しい修行をされているお坊さんの方々というのは、ブッダの教えを守っているわけではありません。

ブッダは、明確に苦行を否定されているのだから、苦行をしているお坊さんたちは、自分で勝手に「これはいいこと」だと思って、ブッダの教えの正反対のことをしているのです。

つまり、彼らのやっていることは、ブッダの教えでも仏教の神髄でも、なんでもなく、勝手な誤解に基づく自己満足的な行為なのです。

でも、私たちは、彼らの荘厳な修行風景を見せられると、尊敬しなくてはならないような強迫観念にかられます。

つまりは、社会全体が「苦行信仰」を持っていると言ってもいいのです。

逆に言えば、社会全体が苦行信仰を持っているからこそ、お坊さんたちはブッダの教えとは正反対なことなのに、厳しい修行に耐えているわけです。社会全体がそれを「善」としているので、それに応えようとしているのだと思われます。

超能力信仰とは？

バラモン教では、厳しい苦行を続けると、人知に知れない超能力が身に付くとされています。

苦行をしているうちに、神様と交信することができて、人の心が読めたり、千里先のものが見えたり、前世や未来のことがわかるようになったりするというのです。

そして、その超能力が身に付いた人は、解脱して、全知全能になるというのです。

だから、バラモン教の修行者たちは、超能力を身に付けるために、日々、厳しい修行に明け暮れるのです。

こういうのも、冷静に考えれば、安物のロールプレイングゲームのような世界観ですよね。

初期の仏典では、ブッダはこの「超能力信仰」を否定していました。

初期の仏典では、ブッダが超能力を持っている、もしくは使ったなどという記述は、ほとんどありません。

たとえば、これまで何度か引用してきた最古の仏典とされているスッタニパータには、ブッダが超能力を使った、もしくは持っているというような記述は、ほとんどありません。

この「超能力信仰」は、「苦行信仰」とともに、バラモン教、ジャイナ教の中核となる思想です。

そして、この考えは、ブッダの在世当時のバラモン教では、「解脱」の一般的な方法として広まっていました。

これらの「超能力信仰」に対して、初期の仏典ではブッダは明確に否定しているのですが、中期以降の仏典ではむしろ肯定的に扱われています。

だから、一部の仏教宗派ではこの考え方を採り入れています。

また仏教系のカルト教団の多くは、厳しい修行をすることにより、さまざまな超能力が身に付くというようなことを喧伝しておりました。

かのオウム真理教なども、麻原彰晃が空中浮遊をしているという、いかにもトリッキーな写真を、宣伝材料として使っていました。ご記憶の方も多いでしょう。

また「だれだれの前世は●●だった」というのは、カルト教団がよく言うセリフです。

しかし、これは、明らかにブッダ本来の教えではないと思われます。

仏典が古くなるほど、超能力信仰の記述は少なくなりますし、先ほど述べましたように、初期の仏典では、超能力信仰を真っ向から全否定しているのです。

そもそもブッダは苦行をやめて悟りを開いたわけですし、それは当然といえば、当然でしょう。

初期仏典の中で、ブッダが、超能力主義を全否定している代表的な話を紹介しましょう。

南伝の相応部経典一二、七〇、漢訳では雑阿含経一四、五に載っている話です。

あるとき、スシーマという修行者が、ブッダのところにきました。

スシーマは、その当時、広まっていた「苦行をして愛や欲望をすべて滅し、超能力を得る」ということを信じ込んで、修行していました。そのスシーマは、ブッダに対して議論を挑んできたのです。

それに対し、ブッダは、次のように応じます。

ブッダ「スシーマよ、そなたは（愛や欲望を滅することにより）いろいろな神通力を享受するであろうか」

スシーマ「そんなことはありません」

ブッダ「スシーマよ、そなたは（愛や欲望を滅することにより）たとえば一にして多になり、多にして一になり、あるいは見え隠れして、壁や土塁や丘を虚空のように自由に通り抜け、あるいは水中に出入りするように地中に出入りすることができるだろうか、あるいは、水上を歩き、虚空に坐し、梵天界にも赴くことができるだろうか」

スシーマ「そんなことはありません」

ブッダ「スシーマよ、そなたは（愛や欲望を滅することにより）人間と天神の両界の声を聞くことができるであろうか」

スシーマ「そんなことはありません」

ブッダ「スシーマよ、そなたは（愛や欲望を滅することにより）他者の心を知り、他の人々の心を把握することができるだろうか」

スシーマ「そんなことはありません」

ブッダ「スシーマよ、そなたは（愛や欲望を滅することにより）いろいろと前世のことを思い出すであろうか。たとえば、一生、二生…詳しくいろいろと過去世のことを思い出すだろうか」

スシーマ「そんなことはありません」

ブッダ「スシーマよ、そなたは（愛や欲望を滅することにより）人が死んで生まれるとき、その人のなせる業にしたがって、その幸と不幸がわかれるであろうことを知ることができるだろうか」

スシーマ「そんなことはありません」

ブッダ「スシーマよ、いまわれらが問答したこと、それからそなたがそこには至らないといったこと、それが我々が成就したことなのだ」

訳文をなるべくそのまま使っているので、ちょっとわかりにくい文章ですが、要は、ブッダは、

「スシーマよ、お前はどんなに苦行しても、空中浮遊したり、前世を思い出したり、幸と不幸どちらに生まれるかを見極めたりすることはできないだろう？　我々が悟ったことは、そのことだよ」

と言っているわけです。

ざっくり言うと「超能力信仰」について全否定しているわけです。

これほど明確に否定しているにもかかわらず、なぜ仏教の中に「超能力信仰」が入って

きてしまったのでしょうか？

なぜか人は超能力信仰を持っている

人には、古来から「超能力信仰」というか「超人信仰」というような、考え方の癖があると思われます。

超人的な人が、世の中の矛盾や人生の苦しみをすべて解決してくれる、もしくは、自分が超人になって、すべての人々を苦しみから解放する、そういうスーパーマン信仰のようなものを、人ってなぜか持っていますよね？

たとえば、仙人。

仙人というのは、厳しい修行をクリアして、すべてを超越した人物というイメージを持っている人が多いのではないでしょうか？

またマンガやアニメ、ゲームなどに出てくる「正義の味方」が、厳しい鍛錬の果てに超人的な能力を会得するというのは、非常にオーソドックスなパターンです。

これって、元来からある人の願望をマンガとかゲームにしたものだと思われます。

この「超能力信仰」は、人生の苦しみを一つ一つクリアしていくのが、シンドイということから、生じた発想だといえます。

人生には、苦しみや困難が絶えず襲ってきます。

そういうものすべてから解放されれば、どんなに楽だろう、と思ってしまうのも無理はないことでしょう。

その考えの延長線上に、「苦行すれば解脱できる」という発想があるように思われます。つまり、人々が、苦行を信仰してしまうのは、「厳しい修行をして、人生のあらゆる苦しみから解脱できるスーパースキルを会得する」ということを、妄想しているからではないでしょうか？

そして、この超能力信仰は、古代から現代まで、人類のすべての社会が、ある程度は持っている信仰だと思われます。

インドなどでは、今でもこの超能力信仰は、社会の間に深く浸透しています。

インドでは、あちこちで、常人ではとても耐えられないような、刃物の上を歩いたり、鎖を体に巻き付けて生活するというような人がいます。そういう人たちは、厳しい修行の末に、超能力を獲得するという「超能力信仰」を信じて、そういうことをやっているわけです。

またインドでは時々「何十年間も水も食事も採っていない人がいた」というようなこと

いくら修行しても
空中浮遊は
できない!!
空中浮遊できる?
フワー
できません
スーシマ
ムムム…
テレパシー
使える?
ムリです
テレポートは?
パッ!
ムリです
予知はできる?
ムリでーす
それが私の悟ったことだヨ
フツーじゃん
なのに超能力信仰
が仏教にはある!

がニュースになります。インドの公的機関が、追跡調査をして、その事実を認めたりすることもあります（が、他国の科学者の調査を受け入れたという話は聞いたことがありません）。

つまりは、インドでは今でも「超能力信仰」をしている人が非常に多いのです。が、かといって私たちは、インドの人々やカルト教団の信者たちを笑うことはできないと思います。

私たちにしても、厳しい修行をしてきたお坊さんは、何か神通力を持っているというような見方をすることがあります。

荘厳な寺院で、厳しい修行をしている僧侶を見れば、多くの人は思わず尊敬の念を抱いてしまうはずです。

そして、そういう厳しい修行を成し遂げたお坊さんたちは、「世の中のことをなんでも知っているはず」というような錯覚を抱き、死後の世界のことや前世のことなどに精通しているのではないか、と思ったりすることもありますよね？

そして、彼らの言葉をありがたく受け取ったり、中には、そのお坊さんたちに頼る人もいるはずです。そこまで行かずとも、先祖の供養のことや、今後の生き方をお坊さんにいろいろ相談するような人は、決して珍しくないはずです。

が、お坊さんたちがそういう役目を果たせるような能力を持っていないことは、お坊さん自身が良く知っているはずです。

そういう私たちの「錯誤」が、究極にエスカレートしたのが、カルト教団であり、オウム真理教だったのではないでしょうか？

つまりは、私たちの中の弱さ、愚かさを凝縮して体現したのがオウム真理教だともいえるのではないでしょうか？

それに対しブッダは、

「そういうスーパースキルはない」

「人生に苦しみや困難はつきものなのだ」

「それは自分自身で解決するしかない」

ということを言ったものと思われます。

先ほども述べましたように原始仏典の中には、そういう記述はたくさんあります。

そういうブッダの思想に対して、当時の多くの人は納得し、ある意味、気持ちが楽になったことでしょう。

しかし、ブッダの死後になると、やはり、弟子たちの間でも、「スーパースキル」を求めるものたちが生じたのではないでしょうか？

ブッダの言葉というのは、非常に具体的で、しかも実用的なものだったと推測されます。誰にでもわかるし、誰でも実行できるものです。

それは、苦行も要しないし、難解でもないことから、弟子の中には、「何か物足りない」と思う人もいたはずです。

ブッダが生きていた当時は、本人の話に説得力があったので、弟子たちはそのまま受け入れていたのでしょう。

しかし、ブッダが死んでからは、彼のようにわかりやすく自信をもって話してくれる人は、いなくなったはずです。

そうなると、どうしても、弟子たちは不安になります。

また既存のバラモン教は、「苦行こそ最上」という価値観があります。当時のインドの人々は、その価値観の中にどっぷり浸かっていました。

そういう社会の中で、「苦行は無駄」というブッダの教えを守り続けることは非常に難しかったはずです。

また当時は苦行をして解脱したいと願う若者たちも、たくさんいたのです。

そういう若者たちは、苦行する気が満々なわけです。彼らにとっては、ブッダの教えは拍子抜けするものだったのかもしれません。

だから、そういう人たちが、ブッダの教えを伝達されても、今一つピンと来ず、適当に、バラモン教の苦行を付け加えて、解釈してしまうこともあったはずです。

それで、バラモン教やジャイナ教などの「スーパースキル信仰」が、ブッダの教えの中に紛れ込んでしまったのではないでしょうか？

カルト教団は、人の弱さ、愚かさを凝縮したもの

「苦行信仰」や「超能力信仰」を持っている人というのは、**実は究極のナマケモノなのではないか**、と筆者は思います。

人生には、苦しいこと、悲しいことが、いくらでも押し寄せてきます。

スーパースキルを欲している人というのは、「苦行をしてスーパースキルを身につけることで、人生の苦しみを全部、超越したい」、つまり人生の苦しみを全部なかったことにしようという魂胆なわけでしょう？

その発想って、おそらく太古から人類は持っていたと思うのです。

むしろ、科学の発達していない古代のほうが、そういう発想を持つ人は多かったはずです。そういう人たちの発想を集積したのが、カルト教団だと思われるのです。

たとえば、オウム真理教というのは、「厳しい修行をして、解脱して、世の中のあらゆる苦しみを超越した人になる」ということを目指したものでした。

他のカルト教団も、だいたい似たようなことを主旨としています。

筆者は、超能力というものを全否定するわけではありません。

人には、いろんな能力があり、その中にはまだ人知で解明されていない能力があってもおかしくはありません。

箱の中に入れた物が見えるという「透視」ができる人は、歴史上、何人も登場しています。その中には、科学的な検証をし、事実だと証明されたケースもあります。

また筆者自身、「霊感の強い」という人から、非常に不思議な体験をさせられたことがあります。絶対に知られるはずのない、自分の過去の出来事を言い当てられたのです。しかも何回もです。

だから筆者自身は、超常現象とか超能力などをすべて否定するつもりはありません。

かの麻原彰晃は、視覚障害者だったそうですが、視覚障害者は健常者にはない特殊な能力を持っていることが知られています。聴覚が異常に発達し、反響音などを聞き分けることにより、目の前の障害物を避けたりできるというのです。これは、科学的な実験でも証明されています。

まだ解明されていないだけで、他にも、いろんな特殊能力があるのかもしれません。

が、一つだけ言っておきたいことは、「霊感が強いこと」や、「超能力を持っていること」と、「その人の人格」は全然、関係ないということです。私が知っているその霊感が強い知人も、別に人格者などでは全然なく、非常に物欲が強く、わがままで、いつも自分の生き方がふらついている人でした。

総じて言えることは、超能力があるからといって、「自然の摂理」や「人の生き方」にも精通しているかというと、まったくそうではないということです。

ただ「人と違う」「未だに人知に知れない能力を保持している」だけであって、全知全能でも何でもないわけです。

が、ちょっとした超能力があれば、周囲はその人を神格化してしまうことがあります。

それをいいことに超能力者たちは、あたかも自分は神の化身であるかのごとく振る舞うようになったり、それで金銭をせしめたり、性的な貢物をさせたりすることがあります。

それはインドのバラモン教の歴史の中で、数限りなく起きてきた事件なのです。ちょっと刃物の上を歩くなど、びっくりするようなことを人々に見せて、自分を神の使いだと称して、人々を敬わせて、莫大な金品をかすめ取ったり、神聖な儀式と称して、女性に性的

今の宗教ってなんなの?!

私は罪深い人間だ…
誓い
戒律
罪をそそぐため…
誓い
戒律
聖
俗
一般的な宗教観
聖とか俗とか、そういうのないから
こういう生き方やめなさいネ

暴行を加えたりするのです。実際に、今もそういう事件は跡を絶たないのです。

たとえば、かのビートルズが、インドの神秘主義に傾倒し、インドのマハリシ・マヘシ・ヨギというヨガ指導者の元に修行に出かけたことがありました。しかし、ビートルズは、修行をはじめてほどなくして、マハリシがただの俗人であることに気付き、早々に修行を切り上げました。一説には、マハリシが、ビートルズ一行の女性の一人に性的関係を迫ったとも言われています。ビートルズは、その後、マハリシをこき下ろした「セクシー・セディー」という楽曲を発表しています。

こういうのも、日本のカルト教団の種々の事件と似ていますよね？

現在、日本の仏教系とされているカルト教団のほとんどがやっていることは、何度も言いますが、仏教ではなくバラモン教の教えなのです。

しつこく言いますが、ブッダは、苦行をやめることで悟りを開いたわけです。そして、「苦行信仰」や「超能力信仰」については明確に否定しているわけです。

つまり、ブッダの教えの本質というのは、「苦行信仰」「超能力信仰」をやめなさいということなのではないでしょうか？

「人生には、悲しみや苦しみはつきものである、それを一挙に消滅させる方法などはない」

「その現実を受けとめなさい」

ブッダの苦行関連のエピソードからは、そういうメッセージが受け取れる気がします。

それは私だけでしょうか?

第5章

聖書も仏典と同じく改ざんされてきた

聖書も改ざんされている

ここで、少しキリスト教に目を転じてみたいと思います。

というのも、実はキリスト教の聖典である「聖書」も、仏典と同じような経緯を抱えているのです。

聖書の中には、心に沁みるような「人に優しい教え」がいくつも載っていますが、それと同時に、絶対に人が実行不可能な厳しい戒律も多々載っています。それは、到底同じ書物とは思えないほどです。

なぜそういう現象が起きているのかというと、仏典と同様の理由が推測されるのです。

これまで仏典が改ざんされてきたことを述べてきましたが、キリスト教の聖書（新約聖書）も、たびたび書き換えられてきているのです。

キリスト教というのは、一世紀ごろイエス・キリストが開いた宗教です。

そしてキリストもブッダと同様に自分の教えを自分で書き残すというようなことはしていませんでした。そのため、弟子たちがキリストの言ったことを記録し、それがまとめられたものを「聖書」とすることになったのです。

つまり聖書というのは、誰か一人が最初から最後までを一貫した主張で書いたものではなく、何十人、何百人が書いた文書の寄せ集めなのです。

そして、この聖書はたびたび改ざんされてきたという歴史的事実があるのです。

ローマ帝国時代の二世紀の哲学者ケルソスは、聖書の重要項目である福音書の改ざんが行なわれていたことを書き記しています。ケルソスによると、「福音書の作者は、酒でも呑んでいるかのように言うことが支離滅裂になり、福音書の原文を三度、四度、あるいはそれ以上にわたって改変した」とのことです（『捏造された聖書』バート・D・アーマン著松田和也訳・柏書房）。

また一九一三年にイギリスの権威ある教会史学者などにより編纂された「カトリック百科事典」にも、「聖書が完璧な正典として最初から存在していたという歴史的な根拠はない」と記されています（『キリスト教封印の世界史』ヘレン・エラーブ著・井沢元彦監修・徳間書店）。

キリスト教史を研究している人ならば、「聖書が最初から今まで改ざんされたことがない」とは絶対に言えないはずなのです。

しかも、この聖書の改ざんの経緯は、仏典の書き換えと非常によく似ているのです。

というのも、聖書は書き換えられるたび、人々に対して厳しくなってきているようなのです。

そもそものキリストの教えというのは、人々にそれほど厳しいものではなく、むしろ人（自分も含めた）に対する寛容さを説いたものだったようなのです。

しかし時を経るごとに、人に対して厳しい戒律が次々と加えられていき、「実行するのは到底不可能」というような厳しい教えに変わっていったのです。

それは、仏教が変革していった経緯とそっくりなのです。

そして、キリスト教は仏教よりも新しい宗教なので、聖書の記載の経緯や、修正が加えられた過程のある程度が、記録として残っているのです。もちろん、すべての記録が残っているわけではありません。しかし仏教よりは多くの記録が残っており、真実を追究しやすいのです。

だから、聖書が書き換えられる過程を見ていけば、仏教の書き換えられてきた経緯についても、推測ができるわけです。

そして「人類の宗教における思考パターン」のようなものも見ることができると思われます。

なので、本章では聖書がどのような理由で、どういうふうに書き換えられてきたのかを、追ってみたいと思います。

聖書はキリスト教の宗派のうちの一つがつくった

キリスト教は、ローマ帝国時代（一世紀前後）のイスラエル地方で起こったものです。当時のイスラエル地方には、ユダヤ民族が住んでおり、彼らはユダヤ教を信仰していました。ユダヤ教は四〇〇〇年の歴史があるとされ、もともとは「人々は助け合って生きるべし」という相互扶助を旨とした宗教でした。

しかし、イエス・キリストの時代にはすでに形骸化しており、人々は、一応、ユダヤ教の決まりは守るけれど、本質的に助け合おうという意識が希薄になっていました。

それに対して異議を唱え、愛し合うことを説いたのがキリストなのです。キリストの教えに共鳴する者は多く、キリスト教はあっという間に広がりました。

しかしキリストは裁判にかけられ、十字架にかけられ処刑されてしまいました。

が、キリストの死後、その教えはますます広がることになりました。そしてキリストの弟子たちは「教会」をつくり、それは教団として急激に拡大していきました。

当初、ローマ帝国はキリスト教を禁止していました。

が、それでもキリスト教の広がりを抑えられないのを見て、四世紀のローマ帝国皇帝コンスタンティヌスは、逆にローマ帝国の国教に取り込みました。

これはインドにおけるアショーカ王の宗教保護政策と似ているといえます。

が、当時、キリスト教ではたくさんの宗派が乱立していました。

コンスタンティヌス皇帝は、その中でアタナシオス派という宗派をキリスト教の正当宗派とし、その他の宗派は異端としたのです。

アタナシオス派というのは、アタナシオスという神学者を中心とした宗派でした。そして、このアタナシオスという人が、聖書の編纂にも関わるのです。

ここで、少し聖書についての補足説明をしますね。

日本人には、ちょっとわかりにくいかもしれませんが、聖書には、旧約聖書と新約聖書の二つがあります。

旧約聖書というのは、ユダヤ教の教義をまとめた聖典です。

そして、新約聖書というのは、イエス・キリストの教えが書かれたものです。

イエス・キリストは、もともとはユダヤ人であり、形骸化したユダヤ教を批判し、本来の旧約聖書の趣旨に戻るべしという説法を行なった人です。イエス・キリストは見方によれば、ユダヤ教の指導者の一人といえるのです。そのため旧約聖書も、キリスト教の聖典とされています。

そして、キリストの教えの部分は、聖書の新しい部分ということで、「新約聖書」として聖書に付け加えられることになったのです。

だから、キリスト教の聖書には、「旧約聖書」と「新約聖書」の両方が載っているのです。

ちなみに、旧約聖書というのは、イスラム教にとっても聖典となっています。イスラム教も、旧約聖書の教えを元につくられた宗教なのです。

だから旧約聖書というのは、ユダヤ教、キリスト教、イスラム教にとっての聖典であり、ユダヤ教徒、キリスト教徒、イスラム教徒というのは、もともと共通の聖典を持つ者同士だったのです。にもかかわらずこの三者は、一〇〇〇年以上に渡って鋭くいがみあってきたのです。

話を元に戻しましょう。

キリスト教会では、ローマ帝国に国教として認められたので、キリストの教えだけを説いた「新約聖書」をつくろうということになったのです。

当時、キリスト教徒の間では、様々な「福音書」が出回っていました。

福音書というのは、キリストの弟子が「キリストはこう言った」というようなことを書き記した書物のことです。

この福音書は、さまざまな人が勝手につくっていたので、キリスト教には様々な宗派が生じていました。

福音書はすべてが正確な事実に基づいて書かれたものではありません。各人が自分の知っていることや自分の思っていることを勝手に書いたものも多々あったのです。中には、他の福音書を読んで参考にして、自分の福音書を書いた人もいます。

たとえば、新約聖書に掲載されているルカの福音書には、冒頭の部分で、「先人がいろいろ書いたものを調べて書いた」ということが記されています。つまりは、ルカの福音書は、ルカという人が自分の知っている確固たる事実を書いたものではなく、すでに出回っている福音書を参考にして書いたということです。

「曖昧《あいまい》な事実に基づいて書かれている」

ということを、最初に告白しているようなものです。

このように、各人が勝手に曖昧な事実を元にして書いているのだから、当然のことながら、自分の見解が強く反映されるはずです。

しかも、同じ人が書いた福音書でも、時を経るごとにかなり内容が変わっていました。当時は、印刷技術などありませんから、福音書を複製するときは手書きです。この手書きで複製する際に、自分の意向を勝手に挟み込んだりしたのです（単純な複製ミスも多々ありました）。

新約聖書には至るところに「この文に手を加えてはいけない」という文言が出てきますが、これは、作者が恣意《しい》的な書き換えを防ぐために書いたものなのです。

つまりは、各福音書というのは各作者の意向が強く反映されている上に、改ざんが繰返されてきたのです。そして現在のところ、どれが本当のオリジナルなのかも、わかっていない状態なのです。おそらく仏典もそういうことになっているはずです。

それら各種の福音書には、正教会に都合の悪い記述も多々あったので、正教会としてはそういう福音書はなるべく世の中から回収してしまわなければならなかったのです。

一八〇〇年ごろに、「世の中に出回っている福音書が多すぎる」ということで、司教のエイレナイオスが、いくつかの福音書だけをまとめた文書をつくりました。それが新約聖書の起源とされています。

そして、コンスタンティヌス皇帝から正当と認められた司教のアタナシオスが、三六七年に新たに編纂しなおし、福音書など二七編を選んで教書をつくりました。それが三九三年のヒッポ会議、三九七年のカルタゴ会議で、「新約聖書」として正式に認められたのです。

つまり、新約聖書というのは、キリスト教の宗派の一つがつくった文書なのです。

もちろん、その新約聖書には、アタナシオス派の意向が強く反映されました。

アタナシオス派はたくさん出回っている福音書のうち、マタイ、マルコ、ルカ、ヨハネの4者による福音書だけを正当とし、新約聖書に掲載しました。

それ以外の福音書は、すべて排除されたのです。

そして、この新約聖書には、強い「編集方針」がありました。

キリスト教会としては、なるべく多くの信徒を獲得しなければなりませんし、信徒を教会に引きつけておかなければなりません。そのため、神を非常に恐ろしい存在に仕立て上げ、**「教会に来なければ地獄に落ちる」**というような方向付けを行なったのです。

聖書には、過ちを犯したものは地獄の炎で焼かれるというような記述が繰り返しでてきます。しかし新約聖書に記載されなかった他の福音書（トマスの福音書、ユダの福音書など）には、そういう記述はあまりないので、この部分は教会が意図的に入れ込んだということが窺えます。

これは、後年の仏教徒たちが地獄の恐さを説いたのと同じ構図だと言えます。

イエス・キリストは教会を全否定している⁉

このように、新約聖書というのは、教会の手によって、教会の都合のいいようにつくられたものです。

が、編纂の統一性が不十分だったらしく、聖書の中には矛盾点が多々あるのです。

たとえば、マタイの福音書ではイエスは高貴な家柄の出身として描かれていますが、ルカの福音書では庶民階級となり、マルコの福音書では貧しい大工の息子ということになっています。

それぞれの福音書は、作者の意図により、イエスの出身がいろいろな設定にされていたようですが、聖書の編纂のときに、その確認や調整は行なわず、そのまま掲載されてしまったようなのです。

聖書というのは、イエス・キリストがどういう家の生まれかということさえ曖昧な情報しかなく、つまり、そういう曖昧な情報を集めたものということなのです。

しかも、聖書には「教会に都合の悪い記述」もたくさんあるのです。

たとえば、「マタイによる福音書」には、次のような記述があります。

また昔の人々に『いつわり誓うな、誓ったことは、すべて主に対して果せ』と言われていたことは、あなたがたの聞いているところである。しかし、わたしはあなたがたに言う。いっさい誓ってはならない。天をさして誓うな。そこは神の御座であるから。

これを素直に読むと、キリストは**「天に対して誓ってはならない」**と明確に語っています。

キリスト教徒は、教会で結婚するとき、永遠の愛を誓います。またキリスト教徒は、さまざまな場面で、神に誓いをします。教会に誓いを立てることが、キリスト教の重要な行事にさえなっています。

が、このマタイの福音書を見れば、キリストは「決して天に向かって誓いごとはするな」と明確に述べているのです。教会がやっていることはまるで逆ですよね？

また同じくマタイの福音書には、次のような文言もあります。

自分の義を、見られるために人の前で行なわないように、注意しなさい。もし、そうしないと、天にいますあなたがたの父から報いを受けることがないであろう。

だから、施しをするときには、偽善者たちが人にほめられるため会堂や町の中でするように、自分の前でラッパを吹きならすな。よく言っておくが、彼らはその報いを受けてしまっている。

あなたは施しをする場合、右の手のしていることを左の手に知らせるな。

それは、あなたのする施しが隠れているためである。すると、隠れたことを見ておられるあなたの父は、報いてくださるであろう。

また祈るときには、偽善者たちのようにするな。彼らは人に見せようとして、会堂や大通りのつじに立って祈ることを好む。よく言っておくが、彼らはその報いを受けてしまっている。

あなたは祈るとき、自分のへやに入り、戸を閉じて、隠れた所においでになるあなたの父に祈りなさい。すると、隠れたことを見ておられるあなたの父は、報いてくださるであろう。


これを読むと、キリストは「人前で祈ったりしてはならない」と言っているわけであり、ほぼ教会を否定していますよね？

これは、ブッダが宗教儀式を否定していたことと非常に良く似ています。

前述したように、ブッダは最古の仏典とされるスッタニパータの中で、宗教を全否定するようなことを述べています。にもかかわらず、後の仏教徒たちはブッダが否定したはずの宗教儀式を行なう仏教団をつくっていきました。それと同様の現象が、キリスト教でも起こっていたようなのです。

キリスト教も、仏教も、実は開祖は、似たような考えを持っていたのかもしれませんね。そしてキリスト教も仏教も、開祖の教えとは、まったく逆の方向に進んだのかもしれません。

なぜこのような**「教会を全否定しているような言葉」**が、そのまま聖書に載せられたのかは謎です。おそらく、聖書の編纂の過程で修正漏れしてしまったのでしょう。

前述したように聖書というのは、誰かが最初から最後まで綿密に組み立てて書いたものではなく、何十人、何百人が書いた文書の寄せ集めです。教会の都合のいいものだけを寄せ集めたはずなのですが、内容のチェックでは行き届かない点もあったのでしょう。

そして、一度、正式な聖書として認められ世の中に出回ってしまうと、後からはなかなか修正ができなかったものと思われます。

聖書には、そういう「修正漏れ」がけっこうあるのです。そして、そういう「修正漏れ」の部分は教会の思惑から漏れたものであり、実はキリストの本当の教えを示しているものと考えられます。

イエス・キリストも売春婦を許していた

キリスト教が、いかにして時を経るごとに人に厳しいことを説くようになっていったか、わかりやすいエピソードを一つここで紹介したいと思います。性に関する話です。

前述しましたようにブッダは売春婦を弟子にしていますが、実は、イエス・キリストにも非常に良く似た話があります。

あるパリサイ人がイエスに、食事を共にしたいと申し出たので、そのパリサイ人の家にはいって食卓に着かれた。

するとそのとき、その町で罪の女であったものが、パリサイ人の家で食卓に着いておられることを聞いて、香油が入れてある石膏のつぼを持ってきて、泣きながら、イエスのうしろでその足もとに寄り、まず涙でイエスの足をぬらし、自分の髪の毛でぬぐい、そして、その足に接吻して、香油を塗った。

イエスを招いたパリサイ人がそれを見て、心の中で言った、「もしこの人が預言者であるなら、自分にさわっている女がだれだか、どんな女かわかるはずだ。それは罪の女なのだから」。

そこでイエスは彼にむかって言われた、「シモン、あなたに言うことがある」。彼は「先生、おっしゃってください」と言った。イエスが言われた、「ある金貸しに金を借りた人が二人いたが、一人は五〇〇デナリ、もう一人は五〇デナリを借りていた。ところが、返すことができなかったので、彼は二人共ゆるしてやった。この二人のうちで、どちらが彼を多く愛するだろうか」。

シモンが答えて言った、「多くゆるしてもらったほうだと思います」。

イエスが言われた、「あなたの判断は正しい」。

それから女のほうに振り向いて、シモンに言われた、「この女を見ないか。わたしがあなたの家にはいってきたときに、あなたは足を洗う水をくれなかった。ところが、この女は涙でわたしの足をぬらし、髪の毛でふいてくれた。あなたはわたしに接吻をしてくれなかったが、彼女はわたしが家にはいったときから、わたしの足に接吻をしてやまなかった。あなたはわたしの頭に油を塗ってくれなかったが、彼女はわたしの足に香油を塗ってくれた。それであなたに言うが、この女は多く愛したから、その多くの罪はゆるされているのである。少しだけゆるされた者は、少しだけしか愛さない」。そして女に、「あなたの罪はゆるされた」と言われた。

するど同席の者たちが心の中で言いはじめた、「罪をゆるすことさえするこの人は、いったい、何者だろう」。

しかし、イエスは女にむかって言われた、「あなたの信仰があなたを救ったのです。安心して行きなさい」。

（「ルカによる福音書」より）


「罪の女」というのは売春婦、もしくはそれに似た女性ということです。つまりイエス・キリストは、売春婦をも許し、それどころか彼女の好意を称えているのです。

聖書には、こういう人に優しいエピソードも載っているのです。

なぜキリスト教は性に厳しくなったのか？

その一方で、聖書にはこういう記述もあります。

「姦淫《かんいん》するな」

と言われていたことは、あなたがたの聞いているところである。
しかし、わたしはあなたがたに言う。だれでも、情欲をいだいて女を見る者は、心の中ですでに姦淫をしたのである。
もしあなたの右の目が罪を犯させるなら、それを抜き出して捨てなさい。五体の一部を失っても、全身が地獄に投げ入れられないほうが、あなたにとって益である。
もしあなたの右の手が罪を犯させるなら、それを切って捨てなさい。五体の一部を失っても、全身が地獄に落ち込まないほうが、あなたにとって益である。(「マタイによる福音書」より)

これを読むと、なんと情欲を抱いて女性を見ただけで、地獄に投げ込まれるというのです。

先ほどの、売春婦さえも許したあの優しいイエス・キリストはどこへ行ったの？　という感じですよね。とても同一人物の発言とは思えませんよね？

ローマ帝国時代の哲学者ケルソスの言うとおり、確かに「福音書の作者は、酒でも呑んでいるかのように言うことが支離滅裂になり」というものが見られるわけです。

このマタイの福音書の厳しさについては、聖書が編纂された当時の事情が大きく影響し

ブッダだけじゃない！
イエス・キリストも
売春婦にやさしかった!!

ていると思われます。

というのも、キリスト教の黎明期には、各宗派によって、性に関していろんな考えを持っていました。

キリスト教というと、性に関して厳しい制約を課しているイメージがありますが、初期のキリスト教では、決してそういう統一的な方針があったわけではありません。

性は生命の源泉であり、生きるパワーの象徴として尊ぶ宗派も少なからずあったのです。しかし、ローマ帝国に正教会として認定されたアタナシオス派は、性に関して厳しい考えを持っていました。性を厳しく規制し、性行為はできる限り制限すべしという考えだったのです。マタイの福音書のこの「情欲を抱いただけで地獄に落ちる」という部分は、アタナシオス派教会の意向を反映したものと思われます。

またもしかしたら、マタイの福音書を記したマタイという人は、ことさら性に関して厳しい考え方を持っていて、そういう記述をしたのかもしれません。

いずれにしろ、マタイの福音書の考え方が、当時の正当キリスト教会の考えに沿っていたわけです。

その後、キリスト教会（カトリック教会）は「売春婦を許したイエス」ではなく、「情欲を抱いただけで地獄に落ちると述べたイエス」の方向に進むことになります。性に関して厳しい制約を課すようになるのです。

現在でも、カトリック教徒たちは、この強い制約を課せられています。異性を見て情欲を抱くだけで重罪とされていますし、マスターベーションでさえ禁じられているのです。これは普通の男性が、守れることではありませんよね？

そういう「絶対に守れない戒律を課すようになった」ということも、仏教の歴史と非常に良く似ていると言えます。

そして、カトリック教会は同性愛なども厳格に禁止しています。そのため、キリスト教世界の同性愛の人々は残酷な迫害を受けてきた歴史があります。しかもその歴史はまだ終わっていないのです。売春婦を許し、愛がある人として讃えたイエス・キリストの精神は、どこに行ったのでしょうね。

またカトリック教会では、子作り以外の性行為は禁止されており、避妊行為も重罪とされています。だからカトリック教徒には避妊をしないため、子供が非常に多い家庭も多々あります。

性というものは、人の根源的な欲求であるとともに、社会のトラブルの要因となりやすいものではあります。女性を巡って男同士がいがみ合い、殺し合いにまで発展するというのは、太古からあったわけですし、性のことで身を持ち崩す人も多いものです。だから、性に関して、社会が慎重に取り扱わなくてはならないことは、言うまでもないことです。が、だからといって、全面的に性欲を否定するという考え方は、あまりに極端で乱暴です。**「性は危険なことが多いから禁止してしまえ」**というわけですから。

もちろん、人は性欲を禁止されてもそれを抑えることなどできるはずがありません。この「性欲＝罪悪」という思想は、人類に大きな災いをもたらしてきたと思われます。社会が性をタブー視することにより、性に関する正しく、正直な情報は封印されてきました。我々にとって性に関する情報でもっとも必要なものは、自分の性欲と社会生活をいかにして「折り合いをつけるか」だと思われます。しかし、そういう情報はなかなか正確なものがありません。そのため、性のために多くの人が苦しんだり、傷ついたりしてきました。

またそういう不自然な規則を強いると必ず反動が出るものなのです。

ちなみにカトリック教会の総本山があるイタリアという国は、「ナンパ男」が多いことで世界的に有名です。彼らは情欲の目で女性を見ることはないのでしょうか。

キリスト教が世界にもたらした災い

不自然に厳しい規則をつくっていても、自分たちだけで禁欲生活を送って満足しているのであれば、他者からとやかく言われる筋合いはないでしょう。

しかし、彼らの信仰生活には大きな問題点があります。

彼らは「戒律を守らなければ人は救われない」と本気で信じています。そして、自分だけじゃなく、他人もそれは同じだと思っています。つまり「すべての人は、自分たちの戒律を守らなければ地獄に落ちる」と思っているのです。

だから、彼らは自分たちが戒律を守るだけじゃなく、その戒律を世界中に広めなければならないという使命感を持っています。

カトリック教会では、歴史的に見ても「カトリックを世界に広める」ということを最大の目標にしてきました。現在は、さすがに露骨にそういうことは言いませんが、それでも、その目標を取り下げているわけではありません。

このカトリック教会の「世界布教計画」によって、これまで人類は大きな損害を負ってきました。

中世の大航海時代、スペインやポルトガルは、世界中に侵攻し、植民地を増やしました。

世界征服とさえいえるようなこの事業は、実はカトリック教会の意向を汲んだものでもありました。

一四九四年、スペインとポルトガルの間で、トルデシリャス条約というものが結ばれました。これは、ヨーロッパ以外の世界の分割を定めた条約です。子午線の東側をポルトガルの、西側をスペインの領土にしようということでした。この条約は、ローマ教皇アレクサンドル六世によって承認されました。

なぜローマ教皇が承認したかというと要は「スペインとポルトガルで世界を征服し、カトリックを布教しろ」ということだったのです。

大航海時代のスペイン、ポルトガルの世界侵攻は、必ずカトリックの布教がセットになっていました。スペイン、ポルトガルの冒険家や商人たちは、カトリックを布教するという名目で、世界を侵攻、征服していったのです。

彼らの行く先々には、必ず教会がたてられ、神父が派遣されました。そして、カトリックへの改宗に応じない現地の人々を虐殺するようなこともしばしば行ないました。アメリカの原住民たちは、このときに滅亡寸前にされてしまったのです。

スペインやポルトガルの冒険商人たちは、自分たちの行為が慈悲と友愛を説いたイエス・キリストに背いているとは、一瞬たりとも思わなかったのでしょうか。

また戦国時代に日本に訪れたザビエルは、キリスト教を布教するという目的の他に、武器商人という一面も持っていました。

当時、カトリック教会は、世界中に宣教師を派遣していましたが、これは貿易とセットになっていました。ポルトガルやスペインの宣教師や貿易商人たちは、世界中の人々に対し「カトリックの布教を許可するのであれば、貿易を行なう」という話を持ちかけました。ザビエルなども、日本の戦国大名にこの交易条件を持ちかけました。

キリシタン大名として名高い大友宗麟《そうりん》が、キリスト教に改宗したのも、その最大の目的は、西洋製の武器の調達だったと見られています。大友宗麟が宣教師に「武器を送って欲しい」と懇願した手紙は、いくつも残されています。

当時、スペインやポルトガルの海外貿易の商人たちは、儲けたお金をカトリック教会に還元していました。そして、教会はそのお金で宣教師を現地に派遣するというシステムができ上がっていたのです。貿易商人たちは、世界中で悪どい商売をしても、「それはカトリックの布教のため」という言い訳ができたわけです。

また派遣された宣教師たちは、出資者である貿易商人たちの便宜を図るために、商業上の調査なども行なっていました。

あのザビエルも、大坂の堺を訪れたときに、「ここは日本最大の商都であり、商人を派遣すべき」というレポートをイエズス会に送っています。

ザビエルは、若いときに信仰に目覚め、厳しい修道生活に一生をささげた「聖人」です。しかし、そのザビエルは一方で日本の戦乱に乗じて武器の輸出に一役買っていたのです。しかも当時のスペイン、ポルトガルの商人たちは、日本人を人身売買し、東南アジアに輸出するようなことも行なっていました。そういう人身売買にも、宣教師たちは間接的に関与していました。豊臣秀吉がキリスト教を禁教にした最大の理由はこのことなのです。「自分が救われるために厳しい戒律を守る一方で、異教徒に対しては非人間的な行為を平気で行なう」

これこそが宗教の最大の害悪だと言えるでしょう。

そして、宗教がなぜそういう方向に行ってしまうのか、元をたどれば教団の「拡大戦略」にあるのです。

キリストもブッダも言っていることは同じ?

前述したように、聖書には厳しい戒律がたくさん記されている一方で、非常に心にしみる人に「優しい教え」も多々あります。しかも、それは初期仏典のブッダの言葉にとてもよく似ているのです。

たとえば、マタイの福音書には次のような文言があります。

「自分を愛するように隣人を愛しなさい」

隣人を愛せよ、というのは、別に「隣の家の人を好きになれ」という意味ではなく、「身近な人を愛しなさい」という意味でしょう。「世界中のすべての人を愛せ」とか、「自分を犠牲にして他人に尽くせ」とか言っているのではなく、「自分を愛するように身近な人を愛しなさい」と言っているわけです。実行もそれほど難しいものではありませんし、とても現実的な教えですよね? そして、身近な人を愛することが、世界の平和などにもつながるということでしょう。身近な人を愛せない人が、世界平和に与することなどはできないので、まずはできることから始めなさい、ということなのではないでしょうか。

これは、ブッダが「誰もが自分を一番愛している、だから他人を害してはならない」と述べたのと非常によく似ています。

またルカによる福音書には、次のような文言もあります。

「人々にしてほしいと、あなたがたの望むことを、人々にもそのとおりにせよ」

これもブッダの「人は誰も自分を一番愛しているもの。だから他人を害してはならない」という文言と、ほぼ同意義ですね。

またルカの福音書には次のような文言もあります。

「あなたがたのうち、だれが思いわずらったからとて、自分の寿命をわずかでも延ばすことができようか」

人生とは限りあるものであり、その寿命は自分ではどうすることもできない、それを肝に銘じて生きていけ、ということでしょう。

これなども「どんな人も老いや死を免れない」というブッダの言葉とそっくりです。

こういう具合に、新約聖書と初期仏典には、共通する項目が多々あるのです。もしかしたらイエス・キリストも、ブッダも似たような教えを説いていたのかもしれません。

「自分や他人をしばる迷信的な生活をやめよ」
「人生をありのままに受け入れ、自分を愛するように人を愛しなさい」

彼らが本当に言いたかったのは、そういうことだったのかもしれません。にもかかわらず、教団側の「拡大戦略」によって、その教えは大きく歪められてしまったのです（というより正反対の方向に行った）。

そしてその誤った教えのために、人類は戦争や迫害を繰り返してきたのです。宗教者たちの罪はあまりに重いと言えます。

第6章

最古仏典のメッセージ

最古仏典の鋭い人間観察とは？

ここまで、いろいろブッダや仏典に関して、誤解されてきた部分を追究してきました。でも「ブッダは本当は何を言っていたのか知りたい」「そういうのはあまり載っていないじゃないか」と不完全燃焼の読者の方もおられるでしょう。

なので、この最終章では、最古の仏典とされている「スッタニパータ」の中で、バラモン教、ジャイナ教の影響を受けていないもの、つまり、ブッダの本来の教えと思われるものをピックアップしてご紹介したいと思います。

スッタニパータというのは、南方アジアに伝わった初期経典の一つ「クッダカ・ニカーヤ」の中の第五にあたるものです。スッタというのは「縦糸（たていと）」や「経」を意味し、ニパータというのはその集成という意味です。現在の仏教史研究において、もっとも古い仏典とされています。

スッタニパータは五章に分かれており、中でも第四章、第五章がもっとも古いとされています。今回ピックアップしたものは、そのもっとも古いとされている第四章、第五章のみです。つまり、現在の研究では、**「もっともブッダの教えに近い言葉」**だといえます。

このスッタニパータの第四章、第五章では、後年の仏教の説話でありがちな、極楽や地獄の話は、まったく出てきません。

死後の話、前世の話なども、ほとんど出てきません。スッタニパータに限らず、初期の仏典と呼ばれるものには、極楽や地獄、死後の世界の話などは、あまり出てきません。おそらく、極楽や地獄、死後の世界の話は、後世の僧侶たちが勝手にねじ込んだものだと思われます。

つまり、仏教の象徴ともいえる「極楽」や「地獄」は、実はブッダの教えとは何の関係もない可能性が高いということです。

スッタニパータ第四章、第五章の中にも、バラモン教的な「苦行信仰」的な話は出てきます。が、他の仏典に比べれば、圧倒的に少ないのです。そして、その一方で、鋭い洞察力、分析力に基づいた「人が幸福になるための無理のない教え」が、たくさん入っています。一番古い仏典にそういう話がたくさん入ってくるということは、実はブッダの教えのほとんどはそういうものだったのかもしれません。

本章で引用しているスッタニパータの文言は、ほぼ全文に、元東京大学名誉教授の中村元氏の訳をそのまま使っています。どうしても、説明が難しいものや、難解すぎる単語については、筆者が手を加えていますが、基本的に中村氏の訳文のままです。筆者の恣意《しい》的な訳ではありません。

疑いを持たれる方は、中村元氏の『ブッダのことば〜スッタニパータ〜』（岩波文庫）を参照してみてください。

なぜ、筆者がこれほど、「私の恣意的な訳ではありません」と強調するのかというと、書かれている内容が、あまりにも現代人に向けたメッセージのように思われるからなのです。

二〇〇〇年以上も前の言葉のはずなのに、まるで、現代人の我々に向けられているかのような、普遍性のある、しかも現実的で、納得のいく言葉が連ねてあるのです。

それは、「良いことをすれば天国に行けて、悪いことをすれば地獄に落ちる」などという、チャチな二元論的世界観ではありません。仏教というと、神格化されたブッダの姿や、天国と地獄の話などばかりのイメージがあります。これは、せっかくのブッダのありがたい教えを、「仏教徒たち」がその長い歴史の中で歪めてきた結果といえるでしょう。

スッタニパータは人間の奥深い部分を鋭く観察し、人間社会の様々な問題に対し、「本音」での解決策を提示したものです。

これを見れば「これが、二〇〇〇年以上も前の人が発した言葉なのか」と誰もが感嘆するはずです。

ブッダの本当のありがたみはここにあるのではないか、と筆者は思います。

ブッダの本当のすごさ、魅力をぜひ感じてみてください。

物事に偏見を持つな

まず最初は「偏見」についてです。

スッタニパータ第四「八つの詩句の章」七九九には、次のような文言があります。

「智慧に関しても、戒律や道徳に関しても、世間において偏見をかまえてはならない」

この「偏見を持ってはならない」という言葉は、初期仏典には頻繁に出てきます。「偏見を持たない」ということが、ブッダの教えの重要なテーマの一つだといえるでしょう。

私たちは、さまざまな偏見、先入観や固定観念を持っています。そして、それに振り回されて生きています。

「人はこうあるべき」

「男はこうあるべき」

「女はこうあるべき」

「仕事はこうあるべき」

「老人はこうあるべき」

等々。

先入観というものは、人類がこれまでの経験の中から導き出した「大雑把なセオリー」であることもありますが、まったく現実からかけ離れた理想を人に押し付けているものも多々あります。

「苦行すれば解脱できる」

という先入観などは、その最たるものでしょう。

そして、そういう無理な固定観念は、自分自身を苦しめるだけじゃなく、他人を批判する刃物にもなってしまいます。

これらの先入観を全部とっぱらって、フラットに、ありのままにこの世界を見て、現実を受け入れてみようよ、というのが、ブッダの教えの主旨だと思われます。

人と自分を比べて悩むな

前項で紹介したスッタニパータ第四「八つの詩句の章」七九九は、偏見を持つなという文言の次に、以下のような文言が続きます。

「自分を他人と『等しい』と示すことなく、他人よりも『劣っている』とか、あるいは『勝れている』とか考えてはならない」

つまりは、ブッダは、自分を他人と比べて、いろいろ思い悩むなと言っているわけです。これなども、現代人の悩みに、そのまま答えるような内容ですね。

人は、いつも、他人と比較して、「あの人よりは勝っている」とか、「あの人に負けている」などと考えて、それで思い悩むことが多いですよね？

いまふうに言えば、マウンティングということです。

でも、そういうことで思い悩むことは、よく考えればバカバカしいことですよね？

人は、他人と自分を比較し、他人を見下すことで、安心したり、快感を得たりすることがあります。しかし、それは、単なる気休めであり、本質的な安心にはつながりません。

終始、他人のことを気にしていなくてはならないからです。

そしてそういう価値判断をしていると「自分が本当に欲しているもの」が見えなくなる、つまりは「自分を見失ってしまう」のではないでしょうか？

他人と自分では、物の感じ方も違うし、楽しいことや目指すことも違うわけです。つまり、幸福の尺度は一定ではなく、各個人個人にあるわけです。

だから、人は自分に合った幸福を求めればいいわけであって、他人と比べて、これは勝っている、これは負けているなどと悩んでも、何の足しにもならないわけです。

つまり「自分と他人は違うという現実を受け止めたほうが生きやすい」ということではないでしょうか。

「他人と自分を比べて、安心したり不安になったりするな」

「自分の人生に集中しろ」

ブッダはそういうことを言っているように思われます。

それにしても、ブッダの在世当時の二〇〇〇年以上前から、人の悩みというのはあまり変わらないんですね。他人と自分を比べて優越感を持ったりコンプレックスを持ったりしてきたんですから。

「自分の知識が最上だ」などとは絶対に思うな

スッタニパータの第四「八つの詩句の章」七九七には、まるで、現代世界の宗教対立をそのまま言い当てているような文言があります。

「かれ（世間の思想家、人々など）は、見たこと、学んだこと、戒律や道徳、思索したことについて、自分の奉じていることのみが優れていると見て、それだけに執著して、それ以外の他のものをすべてつまらぬものと見なす」

これは人間の思考の悪癖をズバリ表現しているものといえるでしょう。

そして、現代人の家庭や社会などでも、この悪癖がさまざまな問題の要因となっているものと思われます。

人には、多かれ少なかれ、「自分の知っていること、自分の信じていることが最高」というような思考があります。

自分に自信を持っている知識人ほど、こういう思考に陥りがちですよね。

しかし、これは大きな誤解であり、あらゆる人間関係のトラブルの根源でもあります。

たとえば、家族や会社や友人間でもそうです。

自分の意見を絶対曲げない人、人の意見をなかなか聞いてくれない人っていますよね？

そういう人が一人いると、周りは非常にシンドイ思いをすることになります。

もし、そういう人が、権力を持っていたり、強い立場だったりすれば、周囲の人は、地獄ですよね。たとえば、そういう人が先輩だったり上司だったりすれば。


そして、自分の考えが最高だと思って固執している人は、他人に対して攻撃性が激しいですよね？

自分の考えと違う人のことを、すぐに敵とみなしてしまうのです。

こういう思考が、個人レベルではなく、団体のレベルとなると、さらに厄介なことになります。

過激な宗教徒や、カルト教団などは、その最たるものといえるでしょう。

「自分たちの考えこそが最高であり、すべてであり、それ以外は、全部、間違った悪魔の考えである」

カルト教団の人たちって、そういうことを言うでしょう？

そして、「自分が正しい」と思い込んだ人は、一番、残酷で恐ろしく、始末に負えないのです。

歴史的に見ても、それは明らかです。

たとえば、宗教戦争では、残虐な行為に及ぶことが多いのです。

昨今頻発するテロなどでも、虫も殺さないような真面目そうな学生が、幼児などを巻き込んだテロを起こしたりすることがしばしばあります。

それらの災いの根源も、突き詰めれば「人は自分の考えが最高だと思ってしまう」ということにあると思われます。

それをブッダは、指摘しているものと思われます。

何度も述べましたが、こうしてみると本当にブッダは、「カルト教団の信徒のようになってはいけないよ」と言っているようなものですね。

カルト教団の信徒や、宗教の狂信的な信者というのは、だいたい以下のような特徴を持っていると思われます。

・自分の信じたこと、自分の信じている人の言葉以外は一切耳に入らない
・周囲の状況や他人の事情は一切考慮しない

・教条通りのことを行なってさえいれば、周りの人をどれだけ傷つけようが構わない
・自分は他の人と違う「神から選ばれた存在」だと思っている

まあ、こういう生き方をしていれば、周りと摩擦を起こすのは当たり前といえば、当たり前ですよね。

しかも彼らの厄介なところは、「自分たちは正しい」と信じ込んでいるところです。

ブッダは、それを「もっとも遠ざけるべきこと」と繰り返し言っているのだと思われます。

自分の考えにこだわるな

またスッタニパータ第四「八つの詩句の章」七九八にはつぎのような文言もあります。

「ひとが何かあるものに依拠して『その他はつまらぬものである』と見なすならば、それは実にこだわりである、と（真理に達した人々）は語る。それ故に、我々は見たこと、学んだこと、思索したこと、または戒律や道徳にこだわってはならない」

つまり、ブッダは「自分の道徳や戒律にも、こだわってはならない」と言っているわけです。

ということは、道徳や戒律では、「最上で絶対のものなどない」ということですね。

この教えも現代人の悩みに、そのまま答えているように思われます。

自分なりの強固な倫理観を持っている人は、面倒くさいですよね？

そういう人は、何をするにもいろいろと口うるさいし、他人にも自分の倫理観を強要したりします。

その一方で、こういう人は人の気持ちに対してひどく無頓着なケースがけっこうあります。

倫理観を守ることだけに集中し、相手の気持ちや事情などに関しては、思考がストップしていることが多いものです。なので、人の気持ちを踏みにじることも多々あります。

倫理観が強い人というのは、自分で「人の生き方のルール」をつくり、そのルールを守ることにだけ集中しているのです。そうすれば、すべてOKだと思っているのです。

つまりは、「厳しい戒律を守れば天国に行ける」と思っている狂信的な宗教徒と、心理構造は同じですね。

ブッダは、そういうのがダメだよ、と言っているのでしょう。

そもそも、道徳や戒律というのは、社会がうまく成り立っていくためにあるものであり、時と場合によって、必要なものが違ってきます。そういうTPOをわきまえずに、ただ強硬に自分の倫理観を押し付けてこられると、周りは本当に迷惑してしまいますよね?

ブッダの教えというのは、柔軟性を非常に大事にするということがいえるでしょう。柔軟性のかけらもないような狂信的な宗教徒や、カルト教団とは、真逆の位置にあるといえるでしょう。

いいものはどんどん採り入れなさい

第四「八つの詩句の章」八〇〇には、次のような文言があります。

「かれ(真理を達した人)は、すでに得た見解、先入観を捨て去って執著することなく、学識に関しても特に依拠することをしない」

「すでに得た見解、先入観を捨て去って執著することなく、学識に関しても特に依拠することをしない」

つまりは、自分の知識を絶対のものとはみなさず、「聞く耳」を持っておくということでしょう。というからには、ブッダ自身も、自分の学んだことや思索にこだわっていなかったということだと思われます。

おそらく、ブッダは、悟りを開いた後も、いろんな人の意見や情報を聞いたりしていたはずです。

私たちは、ブッダというと、「すべてを知っている人」というようなイメージがあります。しかし、決してそうではなかったのでしょう。

ブッダの言う悟りとは、「すべて知ること」ではなく、「すべて知ることなどできないことを知ること」なのかもしれません。

しかし人の話を鵜呑みにはするな

前項で紹介した第四「八つの詩句の章」八〇〇の後半には、次のような文言が続きます。

「世間の人々は種々の異なった見解に分かれているが、かれ(悟った人)は実に党派に盲従せず、いかなる見解をもそのまま信ずることがない」

要は「人の言っていることをそのまま信じるな」ということですね。

つまりブッダは、自分の意見に固執せず、「人の話をも鵜呑みにするな」と言っているわけです。

人の話をそのまま信じ込むことなく、きちんと自分で情報を咀嚼し、分析するということでしょう。

前項では、自分の考えに固執するな、という教えを紹介しましたが、自分の考えに固執する人というのは、人に騙されやすいという特徴もあるように思われます。

自分の考えに固執する人は、日頃、人の意見を聞いて**「取捨選択する」**という習慣がないので、ちょっと口がうまい人などから話をされると、全部鵜呑みにしてしまうことが多々あるのです。

だから、日頃、人の話を聞かず、自分の意見が最高だと思っている人ほど、詐欺に遭いやすく、またカルト教団などにはまりやすいと言えます。

まとめますと、自分の考えに固執せず、人の話も聞きなさい、そして人の話を鵜呑みにせずに客観的な判断をしなさい、ということでしょう。

そもそも「聖と俗」などはない

「スッタニパータ」では、今の仏教の存在を根底から否定するような文言が各所に見られます。

その最たるものをご紹介しましょう。

「一切の戒律や誓いをも捨て、罪があるとか罪がないとか断じる宗教的行為も捨て、『清浄である』とか『不浄である』とかいってねがい求めることもなく、それらにとらわれず生きていけ。安らぎを固執することもなく」（第四「八つの詩句の章」九〇〇）

「戒律や誓いや、罪があるとかないとか判断すること、そのすべてを捨てなさい」

ということは、宗教を全否定するようなものだと筆者は思います。

宗教というのは、人を罪深きものとして設定し、「戒律や誓いを守ることで罪をそそぐことができる」というシステムを採っているものが多いですよね？

現在の仏教も、間違いなくそのシステムを採用しています。そして、そのシステムは、現在の仏教の根本のようになっています。

が、ブッダは、それをやめなさい、と言っているわけです。

よく「自分の罪を許してもらうために仏門に入る人」というのがいますよね？

なにか非常に不道徳なことをして、それを許してもらいたいがために、出家するという人たちがいますよね？

そして、私たちも、これまでの人生で犯してきた罪を許してもらいたい、そういう気持ちで、仏様をお参りしたりすることが、ありますよね？

が、ブッダは、そういう行為全体を否定しているわけです。


また「清浄であるか不浄であるかにこだわらずに生きていけ」ということは、ブッダは、清浄とか不浄とかは、この世には存在しないと言っているわけです。

何となく、私たちは「この世には聖と俗というものがある」と、思い込んでいますよね？

そして、仏門に入るということは、「聖」に入るということであり、今、自分たちがいる場所は、「俗」だと思っていますよね？

しかし、ブッダは、その発想そのものを捨てなさい、と言っているのです。

そもそも聖と俗などはない、そういう価値観にとらわれて生きていくのはやめなさい、と。

よく考えれば、「聖と俗」「清浄か不浄か」などというのは、人が勝手につくり出した観念ですよね？

神様が「聖と俗」をつくっているようなイメージがありますが、でも、神様はそういうことを言ったことはないわけで、人間が勝手にそう思い込んでいるだけですよね？

そういうものに振り回されるのは、バカバカしいことだ、とブッダは言っているのでしょう。

これを読むと、本当に「今の仏教って何なの？」と筆者は思います。

いつも「平穏な心」でいられるわけじゃない

前項で紹介したスッタニパータ第四「八つの詩句の章」九〇〇の最後には、

「安らぎを固執することもなく」


という文言があります。

これも非常に重要な意味があると筆者は思います。

というのも、私たちは安らぎを求めて、宗教的なものを求めますよね？

そして、お坊さんなどは、いつも心の平安を持っていると思いがちですよね？

でも、そういうのもただの「迷信」だということです。

生きている間には、平穏でいられないときも必ずあります。いつもいつも心を平安に保つなどということは、現実的にあり得ないことです。

でも宗教的には、「人はいつも平穏でいなくてはならない」という倫理観のようなものがあります。そして、人は自分が平穏でいられないことを恥じる傾向にあります。

しかし、ブッダは「そういう〝平穏信仰〟をやめなさい」「平穏でいるということにこだわるな」と言っているわけです。

そして、安らぎを得られないからといって、それで自分が劣っているなどと考える必要もないということです。

「欲を捨てる」のではなく「欲に振り回されるな」

前述しましたが、ブッダは人の欲に対しても、鋭い警句を放っています。

スッタニパータ第四「八つの語句の章」七九五には次のような文言があります。

「悟りを開いた人は、欲を貪ることなく、また無欲を貪ることもない。かれは『この世ではこれが最上のものである』と、固執することもない」

「欲を貪《むさぼ》る」というのは、「欲に依存して生きていく」というような意味だと思われます。欲を捨てろという意味ではありません。

つまり、ブッダは、欲を捨てるのではなく、振り回されるなと言っているのです。「欲を捨てる」という意識も持つなと言うのです。

人は、欲に振り回されがちです。欲ばかり追求して生きたり、逆に欲を抑え込もうとして無理な我慢をしたり。

たとえば、「お金」に対するスタンスって、人はなぜか不自然になりがちですよね？

お金のことが大好きで、いつもお金のことを考えている人っていますよね？

金銭を得ることが人生のすべてという感じで、もう十分にお金を持っているにもかかわらず、さらにお金を欲しがって、さまざまな小賢しいことを行なう人。

そういう人は、「お金を得る」ことに依存して生きているわけで、それが人生の目的のようになっているわけです。

そういう生き方って、周囲の人も迷惑ですが、当の本人もあまり幸福ではないと思いませんか？　常に、お金を得ていないと、不安でならないのですから。

ブッダは、そういう生き方から離れよと言っているわけです。

その一方で、ブッダは「無欲を貪ることもやめなさい」と言っているのです。

この言葉は凄いと筆者は思います。

金銭欲に振り回されて生きている人がいる一方で、「金銭欲は捨てなくちゃならない」と、思い込んでいる人もいますよね？

というより、お金を汚ないものとして忌避する思想もこの社会にはあります。誰もお金なしでは生きていけないのに、なぜかお金のことを気にするのはみっともないというような思想です。

人間だれしも、ある程度の金銭欲は持っているものです。金銭欲をすべて捨て去ることなどは、非常に不自然なはずです。

もし、金銭欲を全部捨て去ろうとすれば、かなり無理な生き方になるはずです。しかも、お金を汚いと思っている人は、金銭に対して敵愾心を持っていますから、他人の金銭欲にも非常に厳しい目を持っています。

つまりは両者ともに「金銭欲」というものに、振り回されて生きているわけです。

「両方とも、お金にこだわりすぎ」

「両方とも幸福にはなれない」

ブッダはそういうことを言っているのではないでしょうか？

今に通じるブッダのメッセージ

お金さえあれば絶対に幸福になれるというものではありませんし、お金に異常に執着する人はだいたい寂しい生活を送っていることが多いものです。

かといって、お金のことを見下している人も無理をしているのが見え見えですし、そういう人が実は肝心なときに極度にケチになったりもするものです。

「欲やお金は、人生の道具の一つにすぎない」

「こだわりすぎて振り回されるのは馬鹿げているし、忌避するのも無理がある」

そういうことをブッダは言っているのではないでしょうか？

「普遍的に所有できるもの」など何もない

ブッダは、欲に関して、こんな鋭い分析もしています。

スッタニパータ第四「八つの語句の章」八〇五には、次のような文言があります。

「人々は『わがものである』と執着した物のために悲しむ。人々が所有している物は常住ではないからである。この世のものはただ変滅するものである」

またスッタニパータ第四「八つの語句の章」八〇六には、次のような文言もあります。

「人が『これは自分のもの』と考えるものは、その人の死によって失われる。私の教えに従うものは、この理を知り、『自分のもの』という観念に屈してはならない」

二つの文言とも、「所有」という概念が人を苦しめるということを述べているものだと思われます。

人は生きているうちに「これは自分のもの」と思っているものがたくさん生じますよね？ 財産であったり、家族であったり、恋人であったり…。

でも、そういう「自分のもの」と思っているものは、「普遍的に自分のもの」ということではありませんよ、とブッダは言っているわけです。世の中のものは、すべて移り変わっていくものなので、自分のものだと思っていたものでも、失ったりすることが多々あるわけです。というより、自分が死ねば、持っているものもすべて失うわけです。

だから、「(普遍的に) 自分のもの」という観念は捨てなさい、ということです。

ところでジャイナ教の戒律には「所有の禁止」というのがあります。このブッダの教えと、ジャイナ教の所有禁止の教えは、似ているようですが、実はまったく違うと思われます。

ブッダは、物の所有自体を禁じているわけではありません。「普遍的に所有できるものはない」という現実を語っているだけです。つまりは、一つの情報を語っているに過ぎません。

しかし、ジャイナ教のほうは「何も所有をしてはならない」という厳しい規則をつくっているわけです。

人々への影響はまったく違うものになります。

所有を禁止してしまえば、服さえ着ることができなくなり、いろいろ不自然なことが生じるわけです。「ものを失う苦しみ」はなくなるかもしれませんが、生活していく上で、絶対的な不便（苦しみ）が生じます。

ブッダはそういうことをしろ、と言っているのではなく、「自分が所有していると思っているものは、いつなくなってもおかしくないのだよ、それを覚悟しておきなさい」と言っているだけです。実生活には、特に不便はありません。つまりは、ブッダの教えは人に優しいものなのです。

両極端な考えを持つな

「極端な考えを持つな」

というのは、仏教の重要な教えの一つです。

スッタニパータ第五「彼岸に至る道の章」一〇四二には、次のような文言があります。

「悟りを得た人は、両極端を知り尽くし、両極端にも中間にも汚されない」

つまり、ブッダは両極端な考えを持つことを戒めているわけです。

社会の中には「極端思考」が普通に氾濫しているものです。

たとえば、経済問題では、未だに「自由主義か」「共産主義か」という議論がされます。「経済のすべてを自由にするべき」という考えと、「経済のすべては平等にしろ」という考えのうち、どちらが正しいかということを議論するわけです。

これって、冷静に考えれば、非常にバカげたことだと思うのです。

経済のすべてを自由にしてしまえば、やたら金に汚い奴がでてきたり、公害や環境問題などが悪化してしまうことになります。また、金持ちの子供は、非常に有利なところからスタートすることになるので、貧富の差が固定され、やがてそれは階級や身分などとなっていきます。だから、ある程度の経済活動の規制や、所得の再分配は必要だと思われます。しかし、だからといって、すべてを平等にしてしまえば、人々の勤労意欲がなくなります。何をやっても同じ報酬しか得られない、ちゃんと働いても全然働いてない人と同じ報酬しか得られないのであれば、誰も一生懸命働かなくなります。

だから、自由主義か、共産主義かなどという議論は、まったく不毛なものですし、するだけ時間の無駄なわけです。そんなことは少し考えれば、誰でもわかるはずです。

ですが、世界の経済問題の議論では、いまだに大真面目に、「自由主義か」「社会主義か」などというテーマで、不毛な戦いが繰り広げているのです。実際に大学の経済学部のゼミでは、そんな議論が続けられているのです。

筆者もそういう馬鹿げた議論の「巻き込み事故」に遭うことがしばしばあります。

筆者は、「現在の日本では富裕層の資産にもっと税金をかけるべき」ということを著書などで述べているのですが、そうすると決まって**「こいつは共産主義者だ」**などと言って批判してくる人がいるのです。

誤解を恐れずに言いますと、「極端なことを言う人」「極端なことを考える人」というのは、だいたいバカが多いですね。彼らの言っていることは、全然、社会の問題解決にはつながらず、問題をぐちゃぐちゃにしてしまう作用にしかなっていないのに、それにまったく気づかないのです。

極端な考えを持っているとき、人は思考停止に陥っています。その考えが一番正しいと信じ込み、他の考えは一切受け付けないようになっているからです。

そういう「極端な考え」は、人の本来持つコミュニケーション能力や問題解決能力を封じ込めてしまうと思われます。

本来、人は、相手の話を聞いたり、情報を分析したりして、問題解決のためのもっともいい手段を考え出そうとします。

しかし、「極端な考え」に陥ってしまえば、相手の事情を考慮したり、状況や情報の分析を一切しようとしなくなります。当然、問題解決の手段としては欠陥だらけとなりがちですし、さまざまなトラブルを生じさせることになりがちです。

ブッダの教えは、それを指摘したものだと思われます。

逆に言えば、ブッダの教えというのは、「人の持つ能力を最大限に引き出すためのもの」だともいえるでしょう。極端な考えを持たずに、一つ一つの物事を、丁寧に自分で判断していきなさい、ということなのですから。

しかし中道を行けばいいというものではない

前項で紹介したスッタニパータ第五「彼岸に至る道の章」一〇四二には、最後に「中間にも汚されない」という文言があります。

この「中間にも汚されない」というのは、「両極端の中間を採ればいいってものではない」という意味です。

この言葉は非常に奥が深いと筆者は思います。

よく仏教では「中道」が最善の道として説かれています。中期以降に書かれた仏典などでも、「中道」を推奨する記述が多々あります。

しかし、スッタニパータのこの箇所を見れば、ブッダは決して「中道」を良しとしているわけではないということがわかります。

これは、ブッダが「なぜ両極端な考えを否定したか」を考えてみれば、わかるはずです。

ブッダが「両極端を採るな」と言った意図は、物事をきちんと分析し、その物事にもっとも合った対処をしなさいということだと思われます。

つまり、ブッダは、**「物事を単純化して判断するのはやめなさい」**と言っているわけです。

もし、「中道がいい」ということになれば、物事を二択で判断するのをやめて、三択で判断しているだけ、ということになります。

せっかく両極端を避けても、その真ん中を選ぶということになれば、結局、物事を単純化していることには変わりありませんからね。

それにしても、なぜ中期以降の仏典には、中道を推奨するものが出てきたのでしょう？　おそらく、ブッダが両極端な考えを持つな、と言われたのを聞いた弟子の中で、「じゃあ中道がいいということだろう」と思った者がいたのでしょう。そういう弟子が、ブッダの教えを曲解したものと思われます。

ブッダの教えの基本は、いろんな物事、問題に対して、自分なりにしっかり考えて、行動しなさいということだといえるでしょう。

あとがき

「人生は修行の場」

と考える宗教は非常に多いです。本文で述べたバラモン教に限らず、世界の多くの宗教が、そういう要素を持っているといえます。

「この人生での評価があの世や来世での待遇に反映される」

という思想。

宗教に限らず、人生を修行の場だと考える思想は、この世の中にけっこうあると思われます。無宗教者が多い日本人の社会でも、人生を修行の場だと捉えるような風潮はけっこうありますよね？

おそらく、人生にはさまざまな困難があり、人は悩んだり、悲しんだりすることが多いので、神様から試されているかのような錯覚を抱き、「人生は修行の場」というような思想が生まれたのだと思われます。

しかし、この「人生は修行の場」という思想は、人類にとってかなり厄介なものです。

各人の人生を評価するルールは、人（教団）が勝手につくったものです。にもかかわらず、その評価ルールを絶対のもののように信じ込んでいます。敬虔な宗教徒ほど、そうなってしまいます。

そして、その評価ルールの違いによって宗教戦争が起きたりもします。

そう考えると、宗教戦争とは妄想同士の激突といえるかもしれません。

また「人生は修行の場」という思想は、ステレオタイプの「立派な人物像」もつくりだしてきました。

「清く正しく美しい」

「欲望も愛執も超越した人」

そういう人物を理想として設定し、自分がそういうふうになろうとしたり、人々にそういう生き方を強要するようになってきました。

多くの宗教は、愛執や欲望を悪とみなし、それを極端に禁じてきました。「その教義をまともに守ることは、現実的に不可能」という場合がほとんどでした。人々は、その厳しい戒律に縛られ、お互いを裁きあって生活をしてきました。

しかし、おそらくブッダもイエス・キリストも、人に対して「できもしないこと」を求めたりはしていなかったと思われます。

これは、冷静に考えればわかるはずです。

たとえば、会社の後輩に説教をしている先輩を思い浮かべてみてください。もし彼が「できもしないこと」を求めて延々と説教しているようなら、それは最低の先輩ですよね？

そういう人は、時々いますけど。

ブッダやイエス・キリストが、人ができもしない苦行を求めていたとすれば、彼らは「会社の最低の先輩以下」ということになります。

もちろん、そういうことは絶対にないはずです。

だから、ブッダやイエス・キリストは、人ができもしない苦しい修行を求めたりは絶対にしていないはずなのです。

ブッダの教えの肝心な部分というのは、**「偏狭な価値観の中に染まるな」**ということだと筆者は思います。

誰しも、「これっておかしいんじゃないか」と薄々は思いながら、その価値観の中に染まってしまうということがありますよね？

宗教などというのは、その最たるものだと思われます。

教団が勝手に戒律を決めて「それを守らなければ地獄に落ちる」などというのは、絶対に偏狭な価値観です。しかも、教団の決めた戒律というのは、教団側の都合によって決められたものなのです。

そういうことは、誰もが薄々は気づいていながら、深く追究することはなかなかしてこなかったものと思われます。

宗教に限らず、実生活でもそういうことは多々あるはずです。

会社なんか、特にそうだと思います。

昨今の厳しい経済情勢の中では、「どんな手を使ってもいいから収益を上げろ」「売上を稼いだものが一番偉い」というような価値観がはびこっている会社などもけっこう多いと思われます。

その結果、会社が社会的な信用を失って立ち行かなくなったり、自分自身が会社の不正行為に加担して罪を負ってしまったり。

サラリーマンをやっているとそういうことは身近にありますよね？

かくいう筆者も、税務署に勤務していたころには、異常で偏狭な価値観にどっぷり浸かっていました。

税務署では、「少しでも多く税金を取ってきた者が偉い」という価値観がありました。国民から求められている税務行政というのは「公正」がまず第一でした。にもかかわらず、税務署の中では、「公正さ」よりも「税額の多さ」が求められていたのです。

そのため、重箱の隅をつついたり、納税者の無知に付け込んで不正同然に税金をふんだくったりするようなことが、多々ありました。筆者も、そういうことをしていました。そして、それが「自分に課せられた使命なのだ」と自分に言い聞かせていました。

しかし、税務署をやめてみると、それがいかに偏狭な価値観だったのかがわかります。

おっと、話がそれてしまいましたね。

とにもかくにも、ブッダは一つの価値観に染まり、盲従して生きていくことを否定していると思われます。「人生のことは自分で判断しなさい。じゃないと幸福になれないよ」と。

本書でも述べましたが、あらためて初期仏典の中から「これは確実にブッダが言ったであろう」というものを抽出してみましょう。

・苦しいことをしさえすれば、すべてが解決するわけではない
・自分の人生のことは自分で決めるべき
・自分を愛するのと同様に他人を尊重すべき
・生き物をむやみに殺すような残虐なことは避けるべき
・世の中は必ず変転するものであり永遠に所有できるものなどない

・極端な考えや、安易な断定はするな

これらの事項は、苦行でもなんでもなく、少し気を付ければ誰にでもすぐにできるものです。

そして、誰もが、これらの事項を守って生きていけば、それだけで社会は相当に暮らしやすくなるはずだし、各人の生き方もずいぶん楽になるはずです。

筆者はこれまで、仏教や宗教を否定することを散々述べてきましたが、宗教を全否定するわけではありません。

人々の伝統行事や民族風習として、宗教は欠くべからざる存在になっています。また昨今では、地域コミュニティーとしての役割も果たしているケースが多いです。宗教のそういう面までを、わざわざ攻撃するつもりはありません。

毎年、お彼岸とお盆に法事と先祖のお墓参りをし、それで、自分や家族が幸福になれると思って暮らしているお年寄りに対して、筆者はわざわざ「あなたはブッダの教えを勘違いしています」などと言うつもりはないのです。

しかし、人生に迷って、宗教などの門を叩こうとしているような若者に対しては、一言助言をさせていただきたいと思います。

一度、最古仏典とされるスッタニパータの第四章、第五章を読んでみてほしいということです。その際は、全部を鵜呑みにするのではなく、「人に対して不自然に厳しい部分」を除いて読んでいただきたいのです。何度も言いましたが、その部分は、おそらく後世の「迷える仏教徒たち」が書き加えたものだと思われるからです。

スッタニパータ第四章、第五章の**「人に優しい現実的な教え」**の部分だけをぜひ読んでみてください。そうすれば人生の迷いを払うようなヒントが、必ずあると思います。

本書は、「ブッダはダメ人間だった」というような、不敬とも取られかねないタイトルを持っています。

しかし、その意味は、

「ブッダはステレオタイプの立派な人では決してなかった」

「旧来の宗教的価値観から見ればダメ人間だった」

ということです。

そして、なによりブッダは、こういうタイトルの本を出されたからと言って立腹するような柔軟性のない人物では決してなかったはずです。ブッダの教えの根本は、「固定観念にとらわれず柔軟にものを考える」ということだと筆者は思います。つまり、「このタイトルはブッダに失礼だ」と考えること自体が、ブッダに失礼ではないか、ということです。それが言いたいがために、あえてこういう挑発的なタイトルにしたわけです。もちろん多くの人に読んでもらいたいという意図もありました。

最後に、かなり冒険的な分野にもかかわらず、いつものように好き勝手に書かせていただいたビジネス社の唐津氏をはじめ、本書の制作に尽力いただいた皆様にこの場をお借りして、御礼を申し上げます。

2017年梅雨入り前　　著者

参考文献

『ブッダのことば〜スッタニパータ』　中村元訳──岩波文庫
『釈尊の生涯』　中村元著──平凡社
『アショーカ王とその時代』　山崎元一著──春秋社
『ブッダの人と思想』　中村元、田辺祥二著──ＮＨＫブックス
『古代インドの思想』　山下博司著──ちくま新書
『ヒンドゥー教』　森本達雄著──中公新書
『仏教、本当の教え』　植木雅俊著──中公新書
『仏教百話』　増谷文雄著──ちくま文庫
『トマスによる福音書』　荒井献著──講談社学術文庫
『原典ユダの福音書』　ロドルフ・カッセル他３名著──日経ナショナルジオグラフィック社
『捏造された聖書』　バート・Ｄ・アーマン著　松田和也訳──柏書房
『キリスト教封印の世界史』　ヘレン・エラーブ著　井沢元彦監修──徳間書店
雑誌「春秋」　２０１６年３月号〜２０１６年12月号内記事「ジャイナ教と仏教」　堀田和義著

[略歴]

大村大次郎（おおむら・おおじろう）

大阪府出身。元国税調査官・歴史研究家。国税局で10年間、主に法人税担当調査官として勤務し、退職後、経営コンサルタント、フリーライターとなる。執筆、ラジオ出演、フジテレビ「マルサ‼」の監修など幅広く活躍中。主な著書に『「見えない」税金の恐怖』『得する確定拠出年金』『完全図解版あらゆる領収書は経費で落とせる』『税金を払う奴はバカ！』（以上、ビジネス社）、『「金持ち社長」に学ぶ禁断の蓄財術』『あらゆる領収書は経費で落とせる』『税務署員だけのヒミツの節税術』（以上、中公新書ラクレ）、『税務署が嫌がる「税金0円」の裏ワザ』（双葉新書）、『無税生活』（ベスト新書）、『決算書の9割は嘘である』（幻冬舎新書）、『税金の抜け穴』（角川oneテーマ21）など多数。

本文イラスト／ヤギワタル

ブッダはダメ人間だった

2017年 8月1日　　第1刷発行

著　者　大村大次郎
発行者　唐津 隆
発行所　株式会社ビジネス社
〒162-0805　東京都新宿区矢来町114番地 神楽坂高橋ビル5F
電話　03(5227)1602　FAX　03(5227)1603
http://www.business-sha.co.jp

〈装幀〉金子眞枝　〈本文組版〉エムアンドケイ　茂呂田剛
〈印刷・製本〉中央精版印刷株式会社
〈編集担当〉本田朋子　〈営業担当〉山口健志

ISBN978-4-8284-1965-7

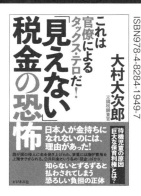

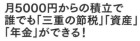

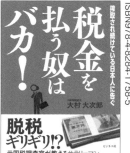